Christoph Szumelda   Yvonne Behling

Die Columbine Erben

Wie Bastian B. den Freitod wählte

Dokumentation

Deutsche Originalausgabe

E-Mail: Chris@wekillemall.org
Umschlaggestaltung: Christoph Szumelda
Fotos: Bastian Bosse
Verlag: W-Verlag
Alle Rechte vorbehalten

Herstellung: Lulu Enterprises, Inc.

Die Schreibweise entspricht keinen Regeln.

Rechtschreibung = Diktatur

ISBN: 978-3-00-022326-6

Für

Bastian Bosse, Eric Harris, Dylan Klebold

und all denen, die jeden Tag auf ein neues um ihr Leben kämpfen.

"Sie lachen über mich, weil ich anders bin.
Ich lache über Sie, weil sie alle gleich sind."

Eric Harris

Vorwort

Es gibt Ereignisse im Leben, die man nicht so einfach vergessen kann. So ging es mir 1999 und erneut 2006, nachdem ein Freund von mir beschloss, sein Leben zu beenden. Nachdem sich dann alles ein wenig beruhigt hatte, konnte ich mich aber nicht beruhigen. Ich hatte Schlafprobleme und meine Gedanken kreisten nur um dieses eine Thema. Bastian, den ich als ResistantX bzw. R-X kannte, hinterließ mir und einigen anderen Fotos, Videos und seine Tagebücher.

Einiges davon wurde publik, doch das meiste wurde nie veröffentlicht. Bastian schickte uns diese Sachen, damit wir sie weitergeben konnten. Er wollte so viele Menschen wie möglich damit erreichen, damit sie seine Geschichte kennenlernten.

Ich überlegte mir, ob ich an die Presse gehe und damit eine schnelle Verbreitung ermögliche Doch dies wäre erneut einfach missverstanden worden, und ich hatte die Befürchtung, dass vieles einfach aus dem Kontext gerissen werden würde.

Ich unterhielt mich mit Freunden darüber, welcher Weg der beste wäre und bekam den Rat, einfach ein Buch darüber zu schreiben und meine Sicht unzensiert zu veröffentlichen. Außerdem ist es mir wichtig gewesen, die Leute, die auch wirklich Interesse an diesem Thema und an der Person haben, die hinter der Tat steckte, zu erreichen. Die Arbeit an dem Buch war für mich sehr hilfreich. Ich konnte alles Revue passieren lassen, um endlich mit diesem Thema abzuschließen.

Mir ist bewusst, dass ich kein professioneller Schriftsteller bin und dies kein Bestseller wird. Soll es aber auch nicht! Solange mir dies hilft, wieder ruhig schlafen zu können und ich einigen Menschen zeigen kann, dass Bastian Bosse nicht einfach ein „armer Irrer" war, sondern nur ein verzweifelter junger Mann, der keinen Ausweg aus seinen Problemen mehr fand, bin ich zufrieden. Dieses Buch soll vielleicht auch anderen zeigen, dass es immer ein Weg gibt und dass die Zeit alles heilen kann! Wir dürfen nicht immer schwarz sehen Irgendwie wird alles schon werden Wir müssen nur daran glauben.

Alles, was hier in diesem Buch zusammengetragen worden ist, wird aus meiner Sicht geschildert und mit authentischen Dokumenten belegt. Ich habe soweit wie möglich versucht, Spekulationen außen vor zu lassen, so dass sich im Großen und Ganzen jeder selbst seine Meinung über das Thema und die Person bilden kann.

Ich bin nicht fehlerfrei genauso wenig, wie Bastian fehlerfrei war. Dieses Buch wird eine menge Fehler, beinhalten.
Doch dies soll niemanden daran hindern, die Wahrheit dahinter zu sehen. Jeder, der die Wahrheit sehen möchte, wird danach suchen, sie finden und nicht alles so hinnehmen, ohne es zu hinterfragen. Ich habe mich daher auch entschlossen, Bastians Aufzeichnungen nicht zu ändern. Es geht hier nicht um Rechtschreibung oder um Regeln. Es geht einzig und allein um das Verständnis. Verstehen, wer Bastian war, und warum er und all die anderen vor ihm und nach ihm einen so unvorstellbaren Weg gegangen sind.

Einleitung

Kennen Sie das Gefühl, wenn Sie das Verlangen verspüren, etwas unbedingt besitzen zu wollen? Wenn Sie z.B. in einem Supermarkt stehen und einen Heißhunger verspüren? Sie möchten jetzt genau diese Schokoladentafel haben! Sie können nicht sagen warum, aber Sie möchten es hier und jetzt! Haben Sie je das Gefühl gehabt, auf der Stelle losschreien zu wollen? Es wächst heran zu einem unausstehlichen Schmerz. Wie eine Wunde am Gaumen, die verheilen würde, wenn man einfach mal aufhören würde, daran zu kratzen bzw. daran zu denken. Oder einfach wieder einmal die Lust auf Sex verspüren. Nun stellen Sie sich vor dass dieses Gefühl Sie einnimmt und Sie nichts anderes mehr wollen.

Es lässt keinen anderen Gedanken mehr zu; nur noch diesen Heißhunger, diesen Schmerz, diese Lust! Es ist gespenstisch, da man immer der Meinung war, sich kontrollieren zu können. Doch nun ist man an diesem Punkt angelangt, wo man nicht mehr alles unter Kontrolle hat. Sie haben Angst, dass dieses Gefühl nie wieder fort geht, bis man es befriedigt. Man ist mit diesem Gefühl allein, da man niemandem zeigen kann, was man im Inneren verspürt.

So ein Gefühl war es, das ich empfunden habe, als ich in meinem Zimmer saß und diesen Drang verspürte, der mich hin und her riss, mich nicht einmal schlafen ließ...

Ich war gefangen in diesem Verlangen und dieser schmerzhaften Lust. Doch es ging nicht einfach um Schokolade. Ich wollte auch kein neues „Spielzeug", Ich war körperlich gesund, so dass dieser Schmerz keinen physischen Grund haben konnte. Es war das Verlangen und die Lust zu *morden*! Auch wenn es abwegig erscheint, diesen Drang mit dem eines Heißhungers zu vergleichen; ich wüsste kein anderes Beispiel, das diesen Schmerz bzw. diese Last besser beschreiben könnte. Es ging mir nicht mehr aus dem Kopf. Ich suchte mehr oder weniger bewusst nach Reizen, die meine blinde Wut steigerten, bis ich irgendwann platzen würde und alles an einem Punkt X angelangt wäre, wo ich dann kein zurück kennen würde. Das einzige, was ich dann noch sehen würde, wäre das Ziel! Der Mord, die Toten und zu letzt mein Selbstmord! Dieser Hass, der sich jedes mal in Wut und Hilflosigkeit wandelte, lähmte mich. Ich hatte Scheuklappen auf und sah nur noch das Negative. Was mir jedes mal die Bestätigung gab, dass mein Leben aussichtslos war und es nur ein Ziel gibt, das mich von dieser Qual befreien würde. Das ist es, was Menschen treibt, anderen Menschen Leid anzutun.

Nicht anders haben auch Täter wie Bastian Bosse oder Eric Harris und Dylan Klebold empfunden. Sie haben sich nicht dagegen zur Wehr setzen können und haben sich ihrer blinden Wut auf alles und jeden hingegeben. Ich wählte einen anderen Weg. Aber was lief bei Bastian, Eric und Dylan schief? Warum war ich im Stande, wozu sie nicht im Stande waren? Es wäre einfach, solche Menschen als „krank" abzustempeln und zu sagen, dass man ihnen sowieso nicht helfen könne. Hätten diese Taten verhindert werden können? Hätte überhaupt jemand sehen können, was in ihnen vorging?

Es ist erschreckend und traurig zugleich, dass ich diese einfache Frage, zumindest bei Bastian Bosse, mit einem klaren „ja" beantworten muss. Und umso schlimmer ist für mich, dass ich, im Nachhinein gesehen, die Gelegenheit hatte, es zu verhindern. Aber auch ich habe die Vorzeichen, auch wenn sie vorhanden waren, nicht erkannt.

Kapitel 1 Mein Weg

Ich war, solang ich denken kann, ein Einzelgänger. Es ist nicht so, dass keiner mit mir spielen wollte, auch nicht, dass es mir an Bekanntschaften fehlte. Ganz im Gegenteil, ich hatte viele davon, nur wollte ich diese nicht.
Viele setzen Einzelgänger sofort mit Außenseitern gleich, was aber im Grunde falsch ist. Ich wurde nicht ausgeschlossen und auch nicht überdurchschnittlich gemobbt. Ich suchte unbewusst die Einsamkeit, auch wenn ich jene oftmals als sehr schlimm empfand und mich nach jemandem sehnte, der mich verstand.

Ich hatte eine glückliche Kindheit und habe, soweit es meinen Eltern möglich war, das bekommen, was ich wollte. Ich kann nicht genau sagen wann, aber es muss schon schleichend in der Grundschule begonnen haben. Ich wurde enttäuscht, und jedes Mal, wenn dies stattfand, starb etwas in mir. Ich habe nur wenigen richtig vertraut und war daher meist sehr gekränkt, wenn dieses Vertrauen dann missbraucht wurde. Auch wenn ich vielen dann wieder vertrauen schenken konnte, muss jedes Mal ein Teil von mir kaputt gegangen sein. Anders kann ich mir nicht erklären, wieso mich am 20. April 1999 die Tragödie an der Columbine High School in Littleton, Colorado, so faszinierte, dass sich ab sofort mein ganzes Leben veränderte. Eric Harris und Dylan Klebold wurden zum Teil meiner Weltanschauung und gaben mir das Gefühl, nicht mehr alleine mit der Enttäuschung mund einem Leben klarkommen zu müssen.
Ich sammelte jeden Schnipsel, den ich über die beiden finden konnte und heftete alles fein säuberlich ab.

Nach einer Weile wurden die Berichte rar, und es gab nichts Neues mehr. Ich las unzählige Male, wie Eric und Dylan sich auf ihren letzten Weg machten und war fasziniert, dass sie diesen Weg geplant und auch bis zum Schluss ausgeführt hatten. Diese Faszination ging nach einer Weile zurück, als nichts neues mehr erschien. Der Ordner verschwand in meinem Schrank und bis auf einige Male, die mich zufällig auf ihn stoßen ließen, blieb er unangetastet. Mich interessierten nun mehr und mehr die Geschichten von Serienmördern, wie Charles Manson und Ted Bundy. Die Bibliothek führte eine Auswahl an Büchern über Manson, die ich mit meiner jugendlichen Naivität verschlang. Das Thema Tod wurde für mich alltäglich, und es wurde bestärkt, als ich in Kontakt mit dem Medium „Internet" kam. Ich war versessen darauf, mir tote Menschen anzusehen. Die Realität sehen zu können. All das, was man sonst nirgends sehen konnte. Ich war so fasziniert, dass ich mir diese Fotos ausdruckte und Sie sogar, nach Absprache mit meiner Politik-Lehrerin und meinen Schuldirektor, in der Schule zeigte.

Ich sprach im Unterricht darüber, wie ich an das Material gekommen bin und was das „neue Medium" Internet alles so verbirgt. Es machte mir Spaß, jeden damit zu schockieren, und ich zog die Klasse in meinen Bann. Irgendwann war mir dies aber nicht genug, und ich wollte unbedingt eine Internetseite eröffnen und nach Gleichgesinnten suchen.

Bis dies möglich war, sollte aber noch eine Weile vergehen. Ich lernte HTML und irgendwann hatte ich auch die Möglichkeit von zu Hause aus ins Internet zu gelangen. Meine anfänglichen Versuche eine anständige Internetseite auf die Beine zu stellen, fruchteten irgendwann. Durch Werbung, die Freunde in Chats für mich machten, gelang es mir auch, einige Besucher auf die Seite zu locken. Ein altes Thema wurde wieder aktuell, und mein Interesse für Eric und Dylan wuchs erneut. Ich gelang auf Seiten, die sich mit der Tat auseinander setzten, die leider in Englisch waren, was mich jedoch nicht davon abhielt, jedes einzelne Wort wie ein Schwamm in mich aufzusaugen. Man könnte fast sagen, ich war wie besessen von diesem Thema. Es war mir wichtig, auch für den deutschen Sprachraum, eine derartige Plattforum zu schaffen.

Am 08. Juni 2002 wurde meine erste .de Domain registriert. Doch bevor ich auf den richtigem Namen gekommen war, verging noch einige Zeit. Es sollte ein Name sein, der nicht zu lang war, der leicht zu merken war, provokant und hart klang, sowie eine Art

„Markennamen" darstellt. Ich weiß nicht mehr genau, wie ich darauf gekommen bin, aber irgendwann wurde der Name „Wekillemall" geboren. Übersetzt heißt das soviel wie: „Wir töten sie alle". Es bedeutet nicht, dass wir, als kleine Gruppe, die auf der Internetseite aktiv ist, alle töten wollen. Das „Wir" bezieht sich auf unsere Gesellschaft! Dass Eric und Dylan sowie Bastian soweit gekommen sind und keinen anderen Ausweg mehr gesehen haben, als den Freitod zu wählen, ist auch unser Verschulden! Wir sehen jedes mal weg oder machen vielleicht sogar mit, wenn jemand, der schwächer ist, fertig gemacht wird. Man übersieht aber, dass solche kleinen Hänseleien Narben hinterlassen. Es sind Narben, die auf der Seele getragen werden; die für niemanden sichtbar sind und auch gern übersehen werden. Wekillemall sollte ein Zufluchtsort sein, für all diejenigen, die sich ausgestoßen fühlen oder verstehen konnten, warum man keinen Ausweg mehr sieht und andere Menschen tötet, um am Ende die Waffe gegen sich selbst zu richtet. Nach einigen Vorgängern stand das Wekillemall Layout und ich wählte bewusst Provokante Farben, wie Schwarz, Rot und Weiß.

In all den Jahren hatte ich ähnliche Pläne wie Eric und Dylan geschmiedet. Ich wollte unsterblich werden. Ich wollte, dass jeder von mir erfuhr und mein Gesicht in jedem Nachrichtenmagazin zu sehen ist. Ich sammelte jeden Sylvesterböller und bröselte ihn auf, um an das Schwarzpulver zu gelangen. Dieses hob ich auf, um es später in Rohrbomben einzusetzen. Es wurde eine fixe Idee und im Grunde alles, was mich am Leben interessierte!

Zudem bekam ich Depressionen. Ich fing an mich und die Menschen um mich herum zu hassen. Ich versank in meiner Wut. Mein Vater starb zu dieser Zeit. Ich ertränkte diesen Schmerz in Alkohol, hörte laute Musik und spielte diverse Onlinespiele. Ich wollte einfach nicht darüber nachdenken, sondern nur alles abschalten, um nichts mehr spüren zu müssen.

Die Schule vernachlässigte ich immer mehr, wodurch ich dem Unterricht nicht mehr folgen konnte. So war es auch nicht verwunderlich, dass ich das Schuljahr wiederholen musste. Ich hatte noch nie eine Klasse wiederholt, dadurch fiel ich in ein noch tieferes

Loch aus Frust, Angst und Wut. Ich suchte nach Schuldigen und fand sie in meinen Lehrern, die mich nicht beachteten und mich mit meinen Problemen alleine ließen. Ich wollte es ihnen heimzahlen, und es fielen unzählige Drohungen, die aber unbeachtet blieben. Ich war schon so auffällig geworden, dass die meisten mir später erzählten würden, dass sie jeden Tag darauf vorbereitet waren, mich bewaffnet zur Schule kommen zu sehen. Es passierte jedoch nie! Obwohl ich nicht leugnen kann, dass ich Pläne geschmiedet hatte und auch jeden Winkel meiner Schule erfasst hatte, es hielt mich irgendetwas ab... aber was?

„Meine letzte Reise"

Ich plante meine „letzte" Reise. Diese sollte nach Denver/Littleton gehen. Wenn ich schon sterben sollte, dann wollte ich noch den Ort sehen, der mich veränderte. Und das tat er auch ein zweites Mal! Obwohl die Planung extrem kurzfristig war, ging alles glatt. Wir konnten uns ein schönes großes Hotelzimmer in Denver Downtown leisten. Unsere Fortbewegungsmittel waren Bus, Bahn und Fahrrad. Es war einfach ein neues unglaubliches Erlebnis, in den USA zu sein. Es war ein Kindheitstraum von mir, der sich nun endlich erfüllt hatte. Ein zweiter Traum ging mit dem Besuch der Columbine High School in Erfüllung. Auch wenn wir riesen Umwege gemacht hatten, standen wir nun da. Aber das erste, was ich im Kopf hatte, war nur „wo ist die Toilette?". So betrat ich das Schulgebäude und fragte im Büro höflich, ob ich die Toiletten benutzen dürfe. Die nette alte Dame erlaubte es mir natürlich. Erleichtert schaute ich mir dann die Schule an. Dieses Gefühl hat mir den Atem geraubt. Es war so real denn diesmal war kein Zeitungsartikel oder eine Fernsehmitteilung. Ich stand jetzt wahrhaftig mittendrin und konnte diesen Moment, den ich mir schon so oft vorgestellt hatte, nicht begreifen. Es dauerte mindestens so lange, bis ich wieder Hause war und mir Fotos und Videos anschaute. Nun konnte ich realisieren, wirklich dort gewesen zu sein; dort wo alles begonnen hat! Im laufe dieser Reise veränderte ich mich. Ich fing an, mehr und mehr an die Opfer dieser Tat zu denken, was mir vorher relativ egal war. Für mich waren es nur Zahlen und eine Art "Sieg", den Eric und Dylan für alle, die sich ausgestoßen fühlten, erlangt hatten. Die 10 Tage gingen sehr schnell vorbei, und ich flog mit einem beruhigten Gewissen und neuem Lebensmut nach Hause. Ich hatte eine neue Aufgabe gefunden! Ich wollte, dass jeder, der genau in dieser Situation ist, in der ich war, ebenfalls die Möglichkeit hat, sich für einen anderen Weg zu entscheiden.

Meine Aufgabe war, das Geschehene nicht vergessen zu lassen. Ich hatte die Möglichkeit gehabt, mich im Forum auszusprechen und mir meinen Frust von der Seele zu schreiben und meinem Online Tagebuch. All die Zusprüche, die ich erhielt, gaben mir neue Kraft und meine neu gewonnene Energie setzte ich auch sofort um. Da ich seit kurzem einen Hang zum Bücher lesen entwickelte und fast überall eines mit mir herum trug, dachte ich darüber nach, ein Buch zu schreiben, das anderen zeigen sollte, wofür es sich zu leben lohnt. Dass man auf die kleinen Dinge im Leben achten muss, um die Schönheit des Lebens sehen zu können. Ich setzte mich hin und schrieb eine Einleitung, in der ich all meine Gefühle verarbeitete. Später stellte ich diese Rohfassung dann für meine Freunde online zum Lesen. Die Resonanz war überwältigend, und ich bekam wieder einmal zu spüren, dass ich den richtigen Weg gewählt hatte. Es sollte aber vorerst nicht über die Einleitung hinausgehen.

Nach etwa einem halben Jahr war alles fast schon wieder verloren. Die neu gewonnene Energie war beinahe erschöpft und ich war verzweifelt und voller Angst, in meinen alten Trott zurückzufallen. Mich wieder von meinem Hass und meiner Wut auffressen zu lassen. Es war mir klar, dass ich erneut eine Reise machen musste, um all dies verhindern zu können.

So plante ich erneut eine Reise nach Littleton. Dieses Mal aber war alles anders. Wir hatten nun, Dank meines Führerscheines und meiner Kreditkarte (ohne die wahrscheinlich nichts gegangen wäre), die Möglichkeit, ein Auto zu mieten. Jetzt waren wir recht flexibel unterwegs und konnten unseren Urlaub besser planen. Zudem waren wir, statt 10, ganze 14 Tage dort. Wir trafen Verabredungen mit alten Chat Bekanntschaften aus den USA. Es wäre alles fast im Chaos geendet, aber irgendwie schafften wir es wieder einmal. Dieses Mal beschäftigten wir uns mehr mit den Opfern, besuchten ihre Gräber, zündeten Kerzen im Gedenken an sie an und sahen uns Erics Haus von außen an. Zu guter Letzt besuchten wir dann auch die Columbine High School. Am Wochenende erwarteten wir, ein leeres Gebäude vorzufinden, so dass wir in ruhe Bilder machen konnten. Dem war aber zu unserer Überraschung nicht so. Ein junger Mann trat uns freundlich entgegen und fragte, ob wir Zeit und Lust hätten, an einem Film mitzuwirken. Dieser sollte über ein Mädchen handeln, das sich alleine und ausgestoßen fühlt. Dieser Film sollte dann an Schulen gezeigt werden. Da wir dadurch noch die Möglichkeit erhielten, uns in der Schule aufzuhalten und sogar die Erlaubnis hatten, dort Fotos zu machen und zu filmen (was normalerweise strengstens Verboten ist), sagten wir zu.

Später stellte sich heraus, dass dieser junge Mann, der uns ansprach, der Bruder eines der Columbine Opfer war. Es war Craig Scott, der jüngere Bruder von Rachel Scott. Seine Art, die er uns entgegenbrachte, war sehr offen und nett, obwohl unsere Beweggründe, die Schule aufzusuchen, offensichtlich waren. Er hat uns die ganze Zeit in alles involviert und unsere Fragen beantwortet. Es ist schwer, solche Menschen zu beschreiben, aber auf mich hatte er eine sehr beruhigende und sichere Ausstrahlung. Man fühlte sich sofort gut in seiner Nähe. Ich sprach ihm mein Beileid aus, erklärte ihm, dass ich viel über seine Schwester gelesen hatte und sie eine wunderbare Person gewesen sein muss. Er bedankte sich dafür und war sichtlich überrascht darüber, dass ich ihr Buch gelesen hatte. Dieser Tag wird mir immer in besonderer Erinnerung bleiben. Diese Erfahrung zu machen war für mich und mein weiteres Leben ein positiver Einfluss.

Diese Reisen haben mir höchstwahrscheinlich das Leben gerettet. Ich kann nicht sagen, wo ich heute wäre, wenn ich mich nicht entschlossen hätte, sie zu machen. Durch Columbine lernte ich viele gute Freunde kennen, und durch Columbine wurde ich zu dem, der ich jetzt bin!
Meine Weltanschauung wurde dadurch geprägt und vielleicht kann man so einer Tragödie auch etwas positives abgewinnen. Viele langjährige Mitglieder meiner Homepage hatten ähnliches durchlebt.

Littleton, Colorado 2004

Littleton, Colorado 2005

Ihnen half es, über all dies zu diskutieren. Wir hatten endlich eine Möglichkeit gefunden, sich Gleichgesinnten mitzuteilen, ohne dass sie gleich verspottet oder für krank gehalten wurden. Wir alle wurden erwachsener und lernten mit Enttäuschungen, die das Leben so mit sich bringt, klar zu kommen. Man wusste immer, dass man nicht allein mit seinen Problemen da stand und dass alles irgendwann vorbei sein würde. Man müsste es einfach nur durchstehen. Schule geht vorüber, Menschen ändern sich, die Sichtweise auf vieles ändert sich. Wir dürfen nur nie vergessen, wer wir waren und wer wir sind!   Dass unsere Geschichte und eine Tat so viele Menschen zusammengeführt hat, ist ein Geschenk gewesen.

Die letzten Monate hatte ich viel um die Ohren, konnte mich nicht viel um die Seite kümmern und hatte meine eigenen Probleme, wie jeder andere von uns auch. So blieb mir verborgen, dass es einem von uns nicht gut ging. Wir überhörten einen erneuten Aufschrei. Es ist nicht so, dass wir nicht alle wussten dass Bastian etwas vorhatte. Natürlich wussten wir es. Wir hatten es ja vor einer Weile auch selbst im Sinn gehabt.

Es schien aber auch, dass er sich das aus dem Kopf geschlagen hatte, denn er sprach das letzte Mal vor ca. einem Jahr darüber. Seit dem Zeitpunkt gab es keinen ersichtlichen Grund zu glauben, dass er so eine Tat planen würde bzw. dass es ihm in der Zeit besonders schlecht ging. Seine Schulzeit lag nun hinter ihm, und ein neues Leben stand vor ihm. Erst nach seiner Tat wurde uns aufgezeigt, dass er seine Pläne nie verworfen hatte. Allen anderen hat es geholfen, darüber zu reden; ihren Frust und ihre Wut im Forum raus zu lassen. Bastian reichte dies scheinbar nicht. Er wollte mehr, viel mehr. Er wollte sich rächen! Er wollte, dass alle die ihn schlecht behandelt haben dafür bluten und dies wollte er auch perfekt inszenieren. Das Wissen darüber hatte er sich jahrelang im Internet angeeignet, und er lernte aus Fehlern seiner Vorgänger, aber er machte natürlich auch seine eigenen. Er sprach nie über Details seines Plans und bis auf ein kurzes Video, in dem er eine Rohrbombe explodieren ließ, gab es keinerlei Anzeichen für mich, dass er so etwas weiterhin verfolgt. Vielleicht wollte ich es aber auch nicht sehen?

Kapitel 2 Das Columbine Massaker

Am Dienstag dem 20. April 1999 gingen zwei junge Männer namens Eric Harris und Dylan Klebold zur Columbine High School. Die Schule die sie in den letzten Jahren besucht haben und auch heute wieder besuchen. Doch dieses mal kommen sie nicht pünktlich zum Unterricht, wie sonst eigentlich. Auch zur letzten Prüfung, die Sie auf der CHS schreiben müssten, sind sie nicht erschienen. Wobei es für beide nicht einmal ein Problem wäre, diese Arbeit mit sehr gut abzuschließen. Nein, heute haben sie was anderes im Sinn!

Bis zu diesem Zeitpunkt waren beide Schüler sozusagen Musterschüler und hatten nie sonderlich Probleme mit schlechten Noten. Beide lebten in Littleton, einem kleinen Städtchen nahe Denver, im Bundesstaat Colorado. In einer sehr schönen Gegend, wo jeder jeden kennt... sozusagen der amerikanische Alltag in den US - Kleinstädten. Dylan, der schon fast sein ganzes Leben dort verbracht hat, war auch bei den Nachbarn sehr bekannt, er war ein schüchterner Junge, der nie Probleme machte. Eric wuchs in einer militärischen Familie auf. Das hieß für ihn, sehr oft die Stadt oder gar den Bundesstaat wechseln zu müssen. Er hatte nie viele Freunde gehabt, da er immer, wenn er sich langsam an die Umgebung gewöhnt, und Freunde gefunden hat, wieder umziehen musste... 1997 zog die Harris Familie nach Littleton in ein schönes Haus um. Erics Zimmer war im Keller, wo er ungestört das machen konnte, was er wollte. In Kleinstädten ist es meist schwer, sich in eine eingeschworene Gemeinde einzugliedern und dies gelang den Harris nur mühsam.

Dylan hatte in der Schule weniger Probleme mit Mitschülern, da er mit seinen 6.3 sehr groß war, im Gegensatz zu Eric. Er war der kleinste mit 5.9 und hatte eine Deformierung an der Brust. Somit wurde er von den "Jocks", also den Sportlern, oft gehänselt, in den Spind gesperrt oder sogar in die Mülltonne gesteckt. Hierzu, muss ich noch hinzufügen, gibt es einen grossen Unterschied zwischen den Deutschen Schulen und den US Schulen. Dort werden Sportler sehr gefördert, da mit jedem Sieg auch das Ansehen und die Sponsoren wachsen. Das ist für die Schule sehr wichtig! Daher werden Athleten bevorzugt behandelt, und man schaut nicht so genau hin, wenn sie mal zu spät in die Klasse kommen oder gar schlechtere Noten haben. Somit haben die Lehrer die Augen geschlossen, als Eric terrorisiert wurde. Was, wie sich später herausstellte, ein großer Fehler war. Erics Wut wuchs und wuchs. Er bastelte Rohrbomben und testete sie mit seinen besten Freund Dylan.

Dylan war eher zurückhaltend und fraß alles in sich rein, statt seine Wut rauszulassen.

Dylan Klebold   Eric Harris

Am 20 April 1999 stand Eric mit seinem Auto, einem Honda Prelude, vor der Schule, als ihm angeblich Brooks Brown entgegen kam. Brooks war seit klein auf ein guter Freund von Dylan und ist mit ihm zusammen aufgewachsen. Doch in der CHS haben sie sich mehr oder weniger aus den Augen verloren. Eric und Brooks hatten öfter die selben Kurse. Brooks hatte vor ihm den Führerschein und nahm ihn oft zur Schule mit. Eric, der von Haus aus sehr pünktlich war, ertrug es nicht, dass Brooks immer verschlief und rastete eines Morgens aus, als Brooks wieder zu spät kam. Somit begann ein großer Streit zwischen den beiden, der sich bis zu der Begegnung am Morgen des 20. Aprils hinzog. Eric drohte auf seiner AOL Homepage ihn

umzubringen. Dylan gab Brooks die URL. Er las diese Morddrohung, druckte die Seiten aus und ging mit seinen Eltern, die sehr besorgt waren, zur Polizei. Doch die Polizei unternahm nichts dagegen.

In Brooks Buch beschreibt er die Begegnung auf dem Parkplatz in etwa so... Brooks rauchte eine und sah Eric... wunderte sich, dass er nicht zur Prüfung erschienen ist und sprach ihn deswegen an. Eric antwortete ihm, dass es nun keine Bedeutung mehr hätte und das er ihn jetzt mögen würde. Er soll so schnell wie möglich nach Hause gehen, denn es würde gleich etwas passieren... Brooks dachte sich nichts dabei. Ihn wunderte aber, dass Eric sein KMFDM Cap nicht auf hatte... das trug er eigentlich jeden Tag! So in etwa schildert Brooks Brown es in seinem Buch "No easy answer".

Fakt ist, dass Dylan sein Auto parkte und zu Eric kurz darauf rüber ging. Sie hatten in der Schule und außerhalb Rohrbomben ausgelegt. Jetzt warteten sie nur noch darauf, dass die Bombe in der Cafeteria losging und die Schüler ihnen entgegen laufen würden. Als nach einigen Minuten nichts passierte gingen sie auf die Schule los und erschossen jeden, der ihnen in den Weg kam. Am ende erschossen sie sich selbst in der Schulbibliothek. Sie nahmen 13 Menschen mit in den Tod und verwundeten 23 Menschen, die teilweise bis zum jetzigen Zeitpunkt immer noch an diesen Wunden leiden müssen.

Kapitel 3 *Erste Begegnung*

Den ersten Kontakt mit Wekillemall hatte Bastian am 11. Juli 2004. Er meldete sich damals bei der Yahoo! Gruppe an, die zu Wekillemall gehörte. Es ist möglich, dass er Wekillemall schon eher mal besucht hat, nur kann ich dies nicht mit Sicherheit sagen. Zu der Zeit war er gerade 16 Jahre alt und stellte viele detaillierte Fragen über Eric Harris und Dylan Klebold. Er war im Forum sehr engagiert, dennoch spürte man seine kindliche Naivität. Er war versessen darauf, an eine Waffe heranzukommen und sprach mich außerhalb des Forums öfter darauf an. Ich konnte ihm da nicht weiterhelfen. Später wurde mir erzählt, dass ich nicht der einzige war, den er danach fragte.

Ich wurde von einigen Mitglieder aus dem Forum auf ihn angesprochen, wer er denn sei und wie ernst man ihn nehmen sollte. Er versuchte mit allen Mitteln die Aufmerksamkeit auf sich zu lenken, durch Themen die er im Forum postete, wie zum Beispiel durch dieses Thema: „Was würdet ihr tragen"...

Also was würdet ihr tragen, wenn, Gott bewahre^^, ihr ein School Shooting ausführen würdet?

Bei Mir sähe es wohl so aus:
- Altagskleidung:
- Schwarze Hose
- Schwarzer Pullover/T-Shirt
- MAG Combat Boots
- Mantel

- Fingerlose Handschuhe
- TLBV Weste
- Bundeswehr KTG
- Gebirgsjägerrucksack
- Kampftasche
- Und ein Grinsen im Gesicht

Im ICQ war er recht oft zu sehen, schien aber immer kurz angebunden zu sein. Es war normal mit ihm nur ein bis zwei Sätze zu schreiben, bis er dann offline ging. Gelegentlich versuchte ich mit ihm eine längere Konversation aufzubauen, dies gelang mir aber nur selten. Im Grunde drehten sich unsere Unterhaltungen um Videos, Columbine, T-Shirts, Mäntel und gelegentlich auch Waffen (auch wenn ich nicht wirklich der Spezialist in diesem Thema bin).

Es muss so Anfang 2005 gewesen sein, da erhielt ich eine Mitteilung von ihm, in der er mich dringend bat, seinen Nickname im Forum ändern zu dürfen, mit der Begründung, Klassenkameraden hätten seinen Nickname herausgefunden, und er hätte die Befürchtung, dass sie irgendwann auf das Forum stoßen würden. Also änderte er „ResistentX" in „R-X" um. Mir war zu der Zeit nicht bewusst, dass er tatsächlich sehr viele Spuren in Foren und Gästebüchern hinterließ. Zudem fand ich eine alte Email, die er mir mal schickte, in der er noch seinen alten AOL Benutzernamen „Halloweenkiller2" (welcher nicht sehr bekannt war) nutzte. In dieser Email war ein Screenshot angehängt, von einer Counterstrike Map, die er nach der Wad-Datei von Eric Harris „FightMe" fertigte.

Es war nun nicht sonderlich schwer diese nachzubauen, daher unterließ ich auch irgendwelche Kommentare. Später kam dann auch heraus, dass er ein sehr geschickter Mapper war und sogar seine eigene Schule nachbaute. Vielen erscheint dies als sehr eigenartig, aber es ist meiner Erfahrung nach nicht wirklich ungewöhnlich, wenn Mapper wie Bastian ihre Schule nachbauten. Warum auch nicht? Die Schule war ein Ort, den er sehr gut kannte, ein Ort, an dem man viel Zeit in seinem Leben verbrachte und ein Ort, der sich für so einen Ego-Shooter sehr gut eignete. Er legte viel Wert auf Details und benutze sogar Originalfotos von Gegenständen bzw. Ansichten der Schule.

Gegen Ende 2005 hörte er auf, über irgendwelche Pläne zu sprechen. Er brachte sich weiterhin sehr stark im Forum ein. Nun war er auch mehr in anderen Themen involvierter als zu Anfang. Man merkte, dass er reifer wurde und seine Denkweise sich veränderte. Als mein damaliges Forum von Bots (Spam Programme, die Werbung in Foren posten) befallen wurde, bat er mich mehrmals um einen Status als Moderator, um diese Beiträge dann zu löschen. Ich dachte darüber nach aber entschloss mich, mich lieber selbst darum zu kümmern.

Ausschnitt aus Bastians GSS Map

Mitte 2006 nervte mich das alte Foren Script, da es zu viele Fehler hatte und Beiträge nicht richtig angezeigt wurden. Da ich zu dieser Zeit sowieso die ganze Seite auf eine Datenbank umschrieb, fand ich, dass nun auch ein neues, sicheres und übersichtlicheres Forum das alte ersetzten sollte. Mir viel auf, dass Bastian auf dem neuen Forum sehr aktiv war. Seine Beiträge wurden qualitativ besser und er schaute täglich vorbei. Ich hatte meine Arbeit im Kopf und konnte nicht so oft nach dem Rechten schauen. Nach langem hin und her stand mein Entschluss dann auch fest. Bastian bekam den Status als Moderator. Ich war sehr mit seiner Arbeit zufrieden und ihm schien es auch Spaß zu machen.

Irgendwann postete er einen Beitrag in dem es um einen „Hip Hopper" ging, der ihn belästigt hatte. Ich war perplex und verstand

26

zwar seine Wut, nur wusste ich nicht so recht, was ich darauf antworten sollte. So ging es scheinbar allen anderen auch, da dieser Beitrag unkommentiert blieb und dies, obwohl der Beitrag sehr oft gesehen wurde.

Am 20. November 2006 frühmorgens, um genau 8:15 Uhr, postete er seinen letzten Beitrag ins Forum. Mit dem Titel „Tschöö…" nahm er Abschied. Der einzige Inhalt war ein Link zu einer Text Datei, mit Links zu seinen Hinterlassenschaften.

Maps:

„*rx_gss*" und „*rx_gss_beta 3*", seine Counterstrike Maps in der er seine Schule nachgebaut hatte. „Rabennest", „allagainstterrorist", „cross", „fight me", „fightme2", „hallofdeath" und „smoketowin" waren seine Map Hinterlassenschaften.

Videos:

- „*Halloween SE Part 1*". Ein Video, das Bastian mit Freunden 2003 gedreht hat. Das ganze war ohne Drehbuch und wurde an einem Tag zusammengestellt.

- „*Rock'n'Roll*". Ein Video, das Bastian und seinen Freund „Seitenwinder" zeigt.

- „*At McHeiter*". Bastian bei einem Kollegen zu besuch. Das Video zeigt einen Zusammenschnitt aus unterschiedlichen Sequenzen, in denen er z.B. seine Waffen unter seinem Trenchcoat versteckt. Dieses wurde am 18.05.2005 zusammengestellt.

- „*Jump*". Bastian springt von einer Treppe herunter.

- „*Killer1*". Eine 2D Animation die er selbst erstellt hatte.

- „*RX2*" Eine Reihe von Videos, die Bastians Planung dokumentiert. Unter anderem demonstriert er den Bau einer Rohrbombe.

- „*Videos.rar*". Diese Dateien enthielten kleine Videos, die Bastian zeigten.

- „*Bas_lastpart*". Bastians Abschiedsvideo.

Unter anderem hinterließ er über 100 Fotos von sich.

Kapitel 4 Letzter Hilfeschrei

Bastian Bosse, der sich selbst den Nickname „ResistentX" gab, erklärte in einem Forum am 08. Oktober 2006 seine Bedeutung:

„...Den Namen ResistantX habe ich mir 2003 oder 2004 zugelegt. ResistantX ist gleichzusetzen mit Vergänglichkeit, da alles bis zu einem bestimmten Punkt (X) standhaft ist, aber irgendwann zusammenbricht.

Vergänglichkeit ist meiner Meinung nach das beste was es auf dieser Welt gibt!"

Später nannte er sich größtenteils nur noch „R-X".

Dies war einer seiner letzten Einträge, die ihn meist kühl und lässig erscheinen ließen. Die teilweise leicht spöttisch dem Leben gegenüberstanden. Er schien sein Leben gelebt zu haben, und er verlangte nichts mehr! All seine Hilferufe wurden überhört und es gab niemanden, der sich seiner annahm... Kein Wunder, dass er nun keinen anderen Weg mehr sah.

Er schien zu merken, in was für einer ausweglosen Situation er sich befand und entschloss sich, das letzte mal um Hilfe zu bitten. Im Internet, auf einer Homepage eines sogenannten „Beratungsnetzes" schrieb er am 26. Juni 2004:

„Also erstmal vorweg:
SOLLTE DIESER BEITRAG NICHT DEN BOARDREGELN ENTSPRECHEN,
BITTE LÖSCHEN!!!
DAS HIER IST NICHT ALS ANKÜNDIGUNG ODER SCHÖNGEREDE ZU
VERSTEHEN!!!

Also Hallo,

...wo soll ich anfangen... vielleicht im 7. Schuljahr: Ich war in einer Klasse, in der ich 3 gute Freunde hatte. Ich bin pappen geblieben. Dann kam ich in eine andere Klasse, wo die Leute schon was besser waren als vorher. Mit der Klasse machte ich das 7. und das 8. Schuljahr.
Im 8. blieb ich wieder pappen. In der Klasse in der ich jetzt bin ist es einfach scheisse. Die Kinder sind zur Hälfte kindisch oder Halbstark. Nur wenige sind in Ordnung. Aber nun zurück zur 7.(2)Klasse: Ich denke das der ganze Dreck damit anfing, das einer von der Hauptschule (Ich bin auf real) nach Schulschluß zur unserer Schule kam, und mich schlagen wollte, keine Ahnung warum, vielleicht hat ihm meine Gesicht nicht gepaßt, oder ich stand auf seinem Schatten. Ich habe mich versteckt, seitdem hatte Ich Angst. Diese Angst schlägt so langsam in Wut um. Ich fresse die ganze Wut in mich hinein, um sie irgendwann auf einmal raus zulassen, und mich an all den Arschl**hern zu rächen, die mir mein Leben versaut haben. Ich meine diese "ganz harten", die meinen sie müssten mit 12 in der Ecke stehen

und sich zu qualmen. Das sind die die immer nur auf die schwächeren gehen können. Für die, die es noch nicht genau verstanden haben: Ja, es geht hier um Amoklauf! Ich weiss selber nicht woran ich bin, ich weiss nicht mehr weiter,

bitte helft mir."

Doch keiner half ihm! Er steckte in einer ausweglosen Situation, wie er erneut bewiesen bekommen hatte. Er war kein „Monster". Er war ein verzweifelter Junge, der in eine Ecke gedrängt wurde und versuchte, dieser Lage zu entfliehen, bevor es überhand nehmen würde. Keiner wusste einen Rat. Er war alleine und musste es einfach durchstehen! Doch er wollte all das nicht durchstehen! Nicht ohne sich an allen anderen zu rächen, wie er mal aus dem Film „Bang Bang Du bist Tod" zitierte, *seinen Namen zurückholen* wollte. Es sollte jeder wissen, wer er war und jeder, der ihn je als „Loser" beschimpfte, sollte vor Schreck erstarren.
Also fing er mit seinen Plänen an!

Kapitel 5 Seine Pläne

Nachdem er mit dem Gedanken eine Weile gespielt hatte, fing er an Waffen zu sammeln, wie aus einem Chat hervorging, den er mit „Arlene" am 02.September 2004 führte.

„ResistantX: ASG's, Messer, CS, Pfefferspray, Schlagstock, Säbel und son Kram"

Und genau einen Monat später antwortete er auf den Vorschlag, einmal in die Schweiz zu fahren, um sich Waffen zu besorgen, so:

ResistantX: "ja genau: Julian, komm mal mit mir inne Schweiz, ich will ne Waffe haben um Amok zu laufen!"

Julian war sein engster Freund und ein Team Kollege in seinem Soft Air Team, namens „T.A.S.T.E.", was so viel bedeutete wie „Tactical Air

Soft Team Emsdetten". Dieser war so geschockt nach der Tat, dass er aus der Stadt floh und zu seiner Freundin zog.

Klar stellt man sich die Frage, warum man nicht schon zu dem Zeitpunkt gehandelt hat und ihn bei der Polizei gemeldet hat.
Es ist nicht so einfach abzuwägen, was Leute im Chat schreiben Größtenteils ist es immer nur „Spaß" und man versucht, einfach über irgendetwas zu reden, um sich die Zeit zu vertreiben. Bastian war zu der Zeit noch 16 und rang sozusagen nach Aufmerksamkeit, wie jeder andere auch in seinem Alter. Solche Aussagen sind demnach nicht unbedingt ernst zu nehmen. Bei ihm waren sie aber ernst gemeint!

Seine Eltern schienen seinen Lebenswandel auch bemerkt zu haben, was aus seinem Livejournal Eintrag am 08. September 2004 hervor ging, indem er schrieb:

„Dann bin ich nach der Schule nach Haus geheizt, und musste feststellen das meine Ma mal wieder ein bisschen in meinen Sachen rumgeschnüffelt hat. ...Naja, vielleicht machen sie sich einfach Sorgen..."

Am 29. Oktober 2004 begann er sein Tagebuch zu schreiben. In diesem Tagebuch erläuterte er detailliert, wie sein Vorbild Eric Harris, seinen Plan und warum er diesen Weg gewählt hatte. Er scannte einige Tage vor seiner Tat dieses ein und stellte es online. Es fällt auf, dass er einige Seiten ausgelassen hat und es auch sehr große Zeitlücken gibt, in denen er seinen Plan ruhen lässt, ihn vielleicht sogar fast verwerfen will.

In seinem ersten Eintrag regt er sich über eine Lehrerin auf und zitiert, was sie ihm so täglich an dem Kopf wirft.

„Frau Hüllen...was ist das bloß für eine dreckige Mistgeburt... Hier mal ein paar Zitate:
„...du bist ein Rebell, bohah!"

„...mach dich doch nicht lächerlich..."
„...du musst nicht immer meinen dass alles scheiße ist...""

ICH TÖTE DICH
DU
MISTGEBURT

Ich zerfetze dir deine Scheiss Visage und spuck aus dein zermatschtes Maden zerfressenes HRIN"

Diese Provokationen, die er nicht nur seitens der Lehrer erdulden musste, zermürbten ihn und es wird klar, dass alle um ihn herum Witze über ihn machten. Seine Wut wurde bei jedem Schulbesuch größer und somit der Weg für diese Tat geebnet. Er schieb am 14. Dezember 2004:

„In eure Blutlachen werde ich meinen Namen schreiben"

Er fing nun auch an, seine Einträge in Englisch zu verfassen und kaufte sich Feuerwerkskörper, dessen Schwarzpulver er sammelte, um daraus Bomben zu basteln.

"08.01.2005. -02.44 Uhr – Samstag
! Happy new year you fuckin' People!

I have bought damn much fireworks!!! Last week I made "RX-3" once again. I made it out of circa 40 "Super Böller B" !!! Next week I'm going to start "project RX-4 and RX-5"! "RX-5" will be my fucking biggest bomb. ......"

Zudem gab es nun auch Ähnlichkeiten, die man in seinen Einträgen finden konnte, die darauf schließen ließen, dass er versuchte, seine Einträge an die Schreibweise von Eric Harris anzupassen, wie man hier gut sehen kann:

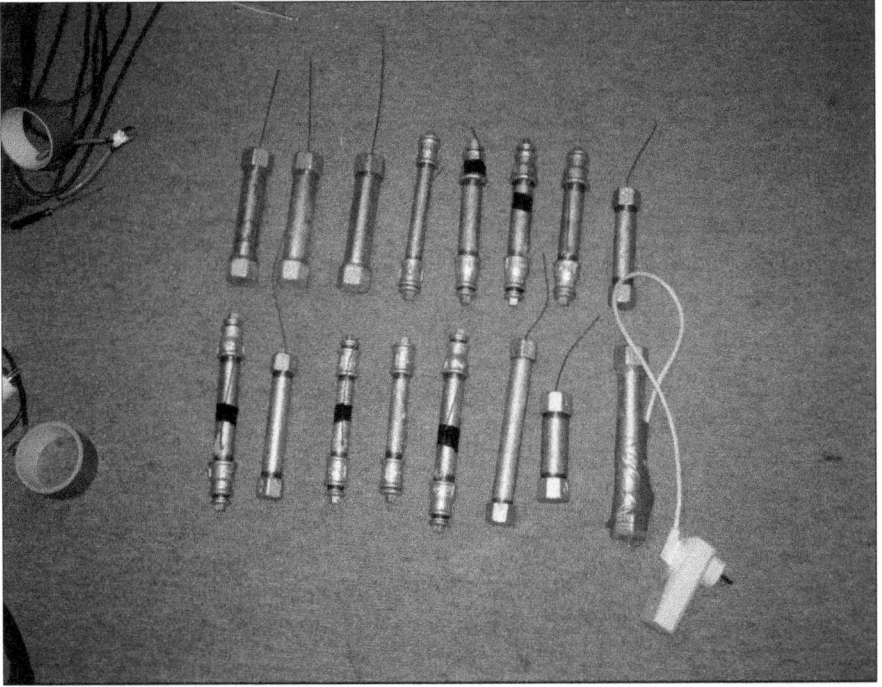

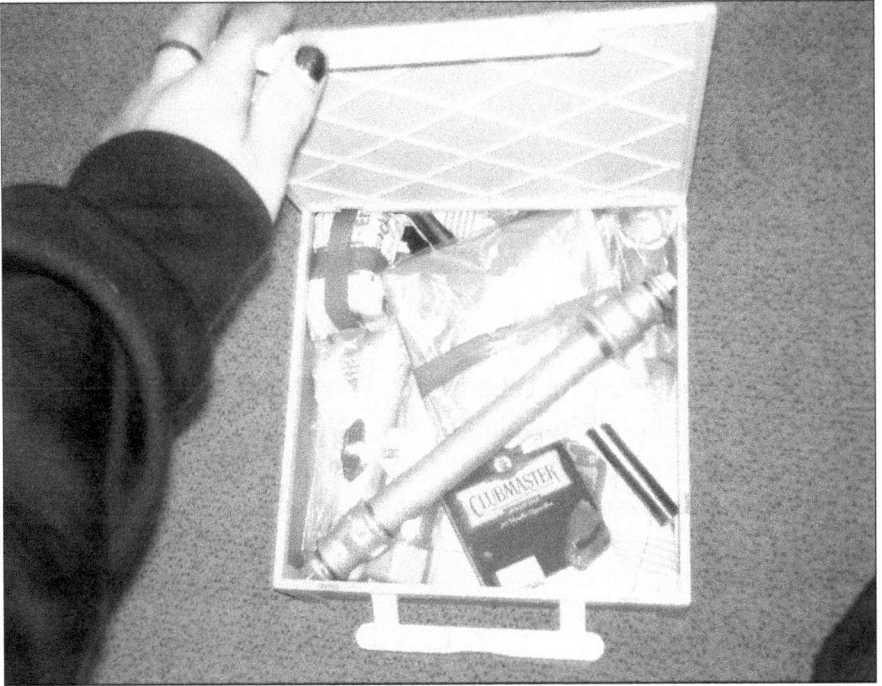

"I hate you people making fun of me!
I hate you people thinking they are better than me!
I hate you people not accepting me!
I hate you teachers not believing in me!
I hate you girls fucking some fat rich guys!
I hate you Politicans making bullshit on and on!
I hate my English...

I HATE EVERYBODY
I LOVE NADINE"

Der Vergleich zu Eric:

"YOU KNOW WHAT I HATE!!!? Cuuuuuuuuhntryyyyyyyyyy music!!! ...

"YOU KNOW WHAT I HATE!!!? People who say that wrestling is real!! .
. .

"YOU KNOW WHAT I HATE!!!? People who use the same word over
and over again! ... Read a f---in book or two, increase your vo-cab-u-
lary f*ck*ng idiots."

"YOU KNOW WHAT I HATE!!!? STUPID PEOPLE!!! Why must so many
people be so stupid!!? ... YOU KNOW WHAT I HATE!!!? When people
mispronounce words! and they dont even know it to, like acrosT, or
eXspreso, pacific (specific), or 2 pAck. learn to speak correctly you
morons."

"Nadine" spielte in seinem Leben eine große Rolle. Es war seine erste
große Liebe und ihr allein wollte er sich offenbaren. Er hatte vor, ihr
seine Zuneigung zu gestehen und seinen Plan zu erzählen. Vielleicht
wünschte er sich, dass sie ihn davon abhalten würde.

„Ich sehne mich nach dem Tage, dem Tage an dem ich Nadine sage
was ich für sie empfinde, ihre Reaktion und ihr Leuchten in den
Augen."

Nichts dergleichen passierte. Jedes Mal, wenn er die Chance hatte, es ihr zu sagen und er all seinen Mut zusammen genommen hatte, wurde er dabei gestört. Tragisch, wenn man bedenkt, wie einfach das ganze hätte verhindert werden können. Aus seinem Abschiedsbrief wurde bekannt, dass er nie etwas mit einem Mädchen hatte. Nicht einmal ein Kuss wurde ihm geschenkt. Das einzige, was er je erhielt, war Ablehnung! Sie machten sich lustig über ihn und gaben ihm nicht einmal eine Chance. Irgendwann war es ihm auch genug und das einzige was er sah, war blinde Wut und seine Rache. So schrieb er am 30. Januar 2005 sogar ein Gedicht darüber:

„Die Sonne brennt mir im Gesicht,
die Leute, sie akzeptieren mich nicht.
Der Wind, er schlägt mich
peitscht mich aus,
ich will aus dieser Hülle raus!
Lehrer, Schüler
alle Leute,
werden bald zu meiner Beute!
Bewaffnet werde ich sein, von Kopf bis Fuß,
dann ist mit dieser Scheiße Schluß!
Ich werd mich rächen, werd euch töten,
das war es dann mit meinen Nöten.
Zum Schluss sei dann mal noch gesagt:
Eure Mittel ham' versagt!“

Seine Wut richtete sich nicht nur gegen die Art und Weise, wie sie sich ihm gegenüber verhielten, sondern auch die Art ihrer Wertvorstellungen. In einer Gesellschaft, wo nur das neuste und teuerste Handy die „Jungendkultur" dominiert, bleibt neben der „Konsumgeilheit" für wahre Freundschaft nicht viel übrig. Genau das war es, was ihn weiter anstachelte. Und zu guter letzt wurde die auch noch von der Politik unterstützt.

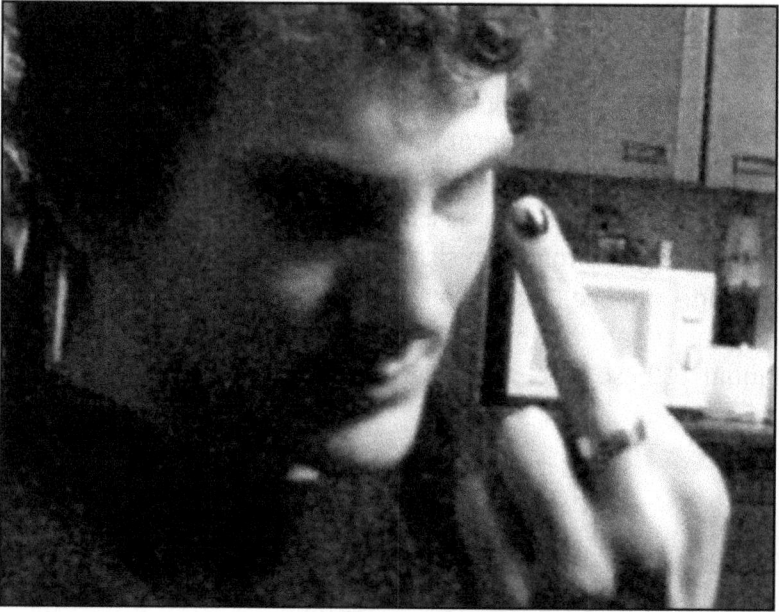

„Warum müssen alle Menschen so unglaublich dämlich sein? Alles dreht sich nur noch ums Geld!!! Der Staat, die Regierung zieht einen das Geld ab wo sie nur kann... immer schön auf die kleinen Leute, und ja nicht auf die Idee kommen, mal die Bonzen im Auge zu behalten.

I WILL KILL YOU

Ich freue mich auf den Tag an dem ich allen zeigen werde wer ich bin! Ich werde mit einen grinsen im Gesicht, das durch Zufriedenheit zustande kommt, durch die Schule laufen und den Menschlichen Abschaum niederschmettern. Zur Abwechslung lachen dann nicht Nele, Maren und Phyllis über mich, sondern ich über sie!!! „Ist schwarz deine Lieblingsfarbe?" „Guck mal wie der da steht, wie der aussieht, wie der guckt...! Maren ist eine der schlimmsten, mit ihr werde ich noch eine menge spass haben, vllt erst in die Füsse schiessen, dann durch den von Splittern bedeckten Flur kriechen lassen, und letzt endlich eine RX-3 in die Fresse stopfen!"

Nun fing er, an seinen Traum zu träumen. Stellte sich seinen letzten Tag vor. Immer wieder hielt ihn dieses Szenario fest im Bann! Es verhalf ihm, jeden Tag auf ein neues zu meistern.

„08.03.2005 – 21.09 Uhr- Dienstag

Massen von Menschen... Massen von Schülern die Hilflos durch das Schulgebäude hetzen. Wenn ich diese Bilder sehe und danach ihre toten Körper auf dem Boden, meinen Namen in ihren Blutlachen geschrieben, und den Gedanken im Kopf, das meine Feinde schreiend und mit Todesangst im Gesicht vor mir, einem „Versager" geflohen sind, dann wird mein Durst gelöscht sein, dann werde ich zufrieden schlafen, <u>für immer!</u> ...."

Nun war er der „Versager" und er wusste, dass es nur noch einen Weg gab, dies zu ändern! Seine Rache!

„Heute ist Dienstag, heute in einigen Wochen ist ein weiterer Tag des Grauens in der Geschichte der Menschheit. Mein Foto wird durch sämtliche Sender flimmern, und irgendwelche „Experten" werden lauthals verkünden, dass Computerspiele und Gewaltfilme diese Tat hervorgerufen haben,..."

Er hatte schon einige Erfahrungen gesammelt und wusste, dass die ersten Erklärungsversuche immer Computerspiele oder Gewaltvideos sind. Man darf nicht bestreiten, dass er viele Filme konsumiert hat und sich von ihnen inspirieren ließ. Er fing an, sich Zitate aus Filmen zu eigen zu machen. So schrieb er, wie die Hauptfigur aus „Bang Bang du bist Tod" in sein Tagebuch:

„...niemand wird auch nur einen Gedanken daran verschwenden dass es ja sein könnte, dass der Täter nie ernst genommen wurde, und dass man ihm seinen Namen genommen hat. Man nahm ihm seinen Namen, nannte

ihn den ,Matrix Mann' oder ,GSS-Niete' oder auch den ,Psycho'. Niemand wird auch nur einen Gedanken daran verschwenden, das sich ein verzweifeltes Kind seinen Namen zurück holen wollte.

BASTIAN BOSSE"

Es ist eine Art Inszenierung für ihn geworden, eine fixe Idee, sich unsterblich zu machen... und er wusste, dies würde ihm nur gelingen können, wenn er so viele Menschen wie möglich erreichen würde. Damit würde er auch Leute erreichen, die genau dasselbe erleben und erleiden mussten! Er war das Opfer, das Opfer einer Gesellschaft, der es wichtiger ist, dass ihre Schulen gut in einer Pisa Studie abschneiden, eine gute Ausstattung hatten sowie viele gute Notendurchschnitte. So bleiben jedoch wichtige Dinge auf der Strecke, nämlich die Kommunikation untereinander, die Toleranz Menschen gegenüber denen, die anders sind, sich anders kleiden oder andere Interessen haben. Statt sich endlich auf Schuluniformen zu einigen und wenigstens einen kleinen Schritt zu wagen, wird darüber gestritten, ob dies nicht die freie Entfaltung der Kinder stört! Frei entfalten können sich die Schüler auch außerhalb der Schule! Während der Schulzeit sollte die Konzentration einzig und allein auf dem Unterricht liegen. Wo ist da das Problem?

Unterdessen gingen seine Pläne weiter. Da seine Waffensuche nicht wirklich fruchtete, konzentrierte er sich auf das Bauen von Rohrbomben bzw. suchte nach alternativen Möglichkeiten, die er in einem Chemikalien Forum ansprach.

„Hallo,
dies ist mein erster Beitrag, und ich werde NICHT mit dem Standardsatz eines Newbies, "wie baue ich eine bombe", beginnen. Jedoch geht es um was ähnliches:

Also, war eben im nahegelegenen Praktiker und sollte Dünger für meine Oma kaufen. Dann habe ich mich für den günstigen Flüssigdünger von "Tip" entschieden. Wieder Zuhause meinte mein Onkel das das Zeug "Sau gefährlich!"

sei, wegen Ammoniumnitrat.
Ich guck also auf die Flasche, aber da steht nix von Ammoniumnitrat,
nur Ammoniumstickstoff.
Lange Rede kurzer Sinn: Besteht Gefahr das das Zeug hochgehen
kann?

Gruss
Resi"

Nach einem Anschlag in Minnesota. Bei dem 10 Menschen starben, schrieb er in sein Tagebuch:

„!!! 10 TOTE IN MINNESOTA!!!"

Einen Täter, ein gewisser Kimveer Gill, der ebenfalls ein Eric und Dylan Anhänger war und nach seiner Tat in Montreal öfters mit dem, Klischee eines School Schooters betitelt wurde, verteidigte Bastian so:

„fuck.. das war kein Klischee das war teil der Revolution"

Die so genannte Revolution, die er hier anspricht, wurde intern auch als „RebVodlution" bezeichnet, die nach ihren Namensgebern „Reb" (Eric Harris) und „VoDKa" (Dylan Klebold) benannt wurde. Es geht im Grunde darum, dass die Leute, die an Schulen schlecht behandelt werden, nun zurück schlagen. Eric und Dylan sind sozusagen die Urheber, die all dies ins Rollen gebracht haben. *„We'll start a fucking Revoluntion"* wie sie bekannt gaben. Die meisten Täter stellen einen weiteren Teil der so genannten „RebVodlution" dar. Jedes Mal, wenn einer von ihnen das letzte Mal seine Schule betritt, wird mindestens ein Toter dabei herauskommen. Es soll(te) die Leute wachrütteln und zeigen, dass dies nicht mehr so weiter gehen kann! Wenn man jeden Tag als Dreck bezeichnet wird, fühlt man sich irgendwann auch so. Bis plötzlich der Tag da ist, an denen man nichts mehr zu verlieren hat und nur einen Ausweg sieht: RACHE!

Bastian war in diesem Punkt nicht anders. Und schrieb dies:

„hat jemand von euch sich schonmal (ernsthaft) überlegt e&d zu folgen?"

Und ergänzte es mit diesen Eintrag:

„Ich bin vor ca. einem Jahr mit der Planung angefangen, konnte bis jetzt nur noch keinen „Auslöser" finden, vllt. Ist es besser so."

„gründe gabs genug, und ich wollte/will es durchziehen, aber der entscheidende „klick" fehlt noch, wenn du verstehst."

Irgendwann kam dieser „Klick", die Frage ist wann? Seine Planungen waren scheinbar schon so weit fortgeschritten, dass er keinen anderen Ausweg mehr sah, als es durchzuziehen. Wissen ist Macht. Nur wenn man zu viel weiß, kann dies einem sein Leben zerstören? In Bastians Fall könnte es der Fall gewesen sein:

„manchmal denke ich auch das es besser gewesen wäre, nie nach diesem Thema im i-net zu suchen, dann wüste ich nichts von Eric und Dylan, nichts von wekill und nichts vom bombenbau. Aber nun weiss ich von all dem kram, und könnte es irgendwann einsetzten. „

Dies tat er mehr oder weniger erfolgreich. Nur darf man nicht vergessen, dass nicht das Wissen, das er sich aneignete, seine Situation so aussichtslos und deprimierend machte. Er schreibt von einigen Situationen, die ihn verzweifeln ließen, wie jene am 19. April 2005:

„Heute sind wir zur Ausbildungsbörse gefahren, und wer steht davor? Dirk Hartmann, Fabian Tillack, Sebastian Janßen und was weiß ich wer nicht noch alles... ich fahr da vorbei, erstmal k+k, und ich bekomme über den ganzen Platz zugerufen: „Bosse du Hurensohn!" - Morgen mehr – Heute ist mir klar geworden, dass ich das ganze Pack vernichten MUSS!!! Es ist wohl meine Bestimmung... mein Schicksal!"

Zwei der genannten Leute waren dann auch auf seiner Abschussliste. Fabian T. stand sogar an erster Stelle! Dieser konnte sich natürlich nicht vorstellen, warum er überhaupt auf der Liste steht und kam mit Kommentaren wie: „Wahrscheinlich war er eifersüchtig, dass ich so cool war und mehr Freunde hatte als er", „tolle Markenklamotten und so" ... Dies waren nicht seine Gründe!

Er wurde von ihm eingeschüchtert und beschimpft, sogar Drohungen wurden ausgesprochen. Genau dies ist es, was Menschen wie Bastian in ihrer Verzweiflung und Angst dazu treibt, so eine Tat zu begehen. Sein ganzes Leben fing an, ihm sinnlos vorzukommen... er würde ein vorgelebtes Leben leben müssen, das im Grunde zum scheitern verurteilt scheint.

Er suchte weiterhin einen Schuldigen und fand unter anderem die „HipHop" Musik, bzw. was damit zusammenhängt, als Schuldigen!

„Mit Nadine gehts auch nicht voran...Schuld ist doch nur diese kranke HipHop Musik, die sich die Kiddies allgemein reinziehen...da muss man doch geistig kirre im Kopf werden und nur noch Scheisse erzählen.

ICH HASSE ALLES!!!

Was soll der ganze Scheiss eigentlich??? Bin ich auf diese verdammte Welt gekommen um der Idiot von nebenan zu sein, mein Leben lang? Was soll ich hier? Was sollen wir eigentlich alle hier?"

Diesen Frust erweiterte er, und der Hass gegen „HipHopper" steigerte sich, was nicht einmal unbegründet war. Er schrieb einige Wochen vor seiner Tat (30. September 2006) über ein Erlebnis, das er einmal hatte:

„Ich saß im Dunkeln auf einer Bank. Nebst war ein Spielplatz. Da tummelten sich Leute also habe ich mal reingeleuchtet. Naja, kamen dann gleich 10, 20 an und einer von denen, vermutlich der älteste, aber immer noch ein Jahr jünger als ich, machte einen lauten als gäbe es kein Morgen und er müsse alles rauslassen was ihm seine Mutter eingeprügelt hat...

Ich halte mal fest:
1. meine Frisur war kacke!
2. meine Klamotten waren kacke!
3. Punks sind scheisse
4. Gothics sind scheisse!
5. ich darf da gar nicht sitzen!
6. mein Vater schlägt mich!

Hätte er noch 2 Sätze rausgehauen die meine Familie betreffen, hätte ich sowas von am rad gedreht, dann hätte ich meine 50cm MagLite nicht mehr zum leuchten benutzt... Meine Güte...Hip Hoper sind meines Erachtens nach schlimmer als Nazis, viel schlimmer. Ich hasse diese Dinger...

Jemand mal ähnliche Erfahrungen gemacht?

Gruss
RX"

Im Livejournal verfasste er einen Beitrag, den er „Friends Only" setzte. Da seine Liste nicht wirklich groß war und nur aus drei Leuten bestand, wusste kaum einer davon.

05. August 2005:

"Life will go on...for now.
Es ist nicht leicht sich anzupassen, aber es ist leichter als man selbst zu sein.
Verdammte Mitläufer...verdammte Halbstarke...verdammte Hip Hoper...verdammte Menschen!

Die Ferien sind sterbenslangweilig. Den letzten Aufschwung brachte das Schreiben vom Kreiswehrersatzamt - Resi soll zur Bundeswehr, tötöötötöötötööööö...

Also was schreibt man wenn man den ganzen Tag vorm Rechner sitzt...
vielleicht: Gähhhhn!"

Bastian hatte keine großen Ziele mehr im Leben, und jeder Tag war für ihn einfach nur eine sinnlose Zeitverschwendung, die er versuchte entweder mit Paintball spielen oder mit Alkohol zu betäuben. Das einzige Ziel, das er sich noch setzte, war Rache zu üben, an den Menschen, die ihn verspotteten und nicht akzeptierten. Es gab nichts anderes mehr, was ihn so in den Bann zog.

„irgendwann stellst du den Tod über dein leben, d.h. das es dir egal ist ob du weiter lebst, weil du jeden Morgen, wirklich jeden scheiss Morgen damit aufwachst das es dir immer so gehen wird."

Die provokante Art, die er seinen Mitmenschen zeigte, wurde zu seiner Lebensphilosophie... Er wollte nicht gleich sein... Kein Produkt der Masse, und vor allem keiner der in der Masse untergeht. Er verspotte so etwas und gab mit unter dem Schulsystem die Schuld dafür. Die Einschulung war für ihn ein ganz extremer Eingriff in sein Leben, und so schrieb er am 15. Mai 2005:

„Je länger ich über das Leben nachdenke, desto mehr merke ich wie sinnlos es eigentlich ist. ... Jemand wird geboren, hat 6 Jahre lang ein schönes Leben, wird dann aber eingeschult. Dann hat er unbewußt eine Wahl zu treffen; bleibe ich wie ich bin, oder passe ich mich den anderen an? Genauer gesagt Bleibe ich stark oder werde ich zum Verräter meiner Selbst? Hat man sich nun dafür entschieden standhaft zu bleiben, wird man ausgelacht, weil man andere Sachen sagt, weil man anders aussieht, oder andere Musik hört, weil man andere Interessen hat. Das geht dann so, 4 Jahre lang, und dann denkt als 10 Jähriges Kind: Nun komme ich ja zum Glück auf eine andere Schule, dann wird's endlich besser! Und was ist? ARSCHLECKEN! Es wird alles nur noch extremer! Das Motto der weiterführenden Schulen: Zieh mit oder geh für immer unter!

Dann lebt man also so vor sich hin, in der Hoffnung den ganzen Müll in irgendeiner Form durchzustehen, um später ein besseres Leben führen zu können. ...

Dann gehts also weiter: Entweder du bekommst erst gar keinen Job, oder du arbeitest dich für einen lächerlichen Lohn bis du 65 bist kaputt. Vielleicht gründest du eine Familie, tust also anderen Menschen den ganzen Scheiss auch an. Vielleicht baust du ein Haus, welches du vermutlich nie abbezahlen kannst...jedenfalls stehst du dann da, alt und runzelig, vllt noch 20 Jahre zu leben. Was machst du? Du fängst an über dein bisheriges Leben nachzudenken, und du merkst: Warum habe ich mir das alles angetan??? Was habe ich denn jetzt vom Leben? NICHTS!"

Dies sollte er dann auch noch später in seinem öffentlichen Abschiedsbrief ausweiten. Auch wenn sein Leben ausgefüllt von Hass und Wut schien, war dies aber nicht immer so. Er genoss es bei seiner Familie zu sein. Die Tage, die sie auf einem Campingplatz in Wilsum verbrachten, waren für ihn eine angenehme Abwechslung zu seinem Alltag.

„03.04.2005 – 21.33Uhr – Sonntag

Der heutige Tag tat mir gut. Ich war mit meiner Familie in Wilsum, es war schön mit meiner Familie über den Campingplatz zu laufen."

Seine Familie war scheinbar das Einzige, was er in seinem Leben als positiv ansah. Dennoch rebellierte er wie üblich in seinem Alter auch innerhalb der Familie und wehrte sich gegen die Uniformierung und Anpassung der Gesellschaft.

„07. Mai 2005

Joa, nun wollt ich auch mal wieder was schreiben. Fang ich mal beim letzten Wochenende an. Hatten Oma und Opa Goldene Hochzeit...boah KOTZ! Ich wollte eigentlich unter keinen Umständen dahin, weil ich mit dem Teil der Familie eigentlich wenig Kontakt habe, und über was soll man mit denen reden...kp... So, dann hat mich meine Mutter quasi gezwungen und einfach nicht hingehen kann man ja nicht wirklich machen...

Ich also dahin und Fotos gemacht, hatten da die Männer/Jungs alle Anzüge an...mich bekommst da ja nicht rein ;) Hat natürlich keinem gefallen das ich da meine "Alltagskleidung" anhatte."

Er kämpfte einen einsamen Kampf, den er mit dem Tod bezahlen musste. Man kann nicht sagen, dass er nicht versucht hätte, mit seinem Leben klar zu kommen und sich endlich an die guten Seiten des Lebens zu klammern. Nur wurde er permanent von allen im Stich gelassen oder ganz einfach hintergangen. Und genau so fühlte er sich; einfach nur hintergangen. Das schlimme war nur, dass er nicht einmal mehr wusste, wie er mit diesem Schmerz umgehen sollte. Er reagierte verstört und agierte eigenartig um eventuell sich selbst damit zu „bestrafen", was man sehr gut aus seinem Eintrag am 02. Mai 2005 sehen kann.

„02.05.2005 – 19.58 Uhr – Montag

Gestern ersten Mai gefeiert, bei Heitmann. Meine Fresse was für ein Tag.
Zuerst haben wir alles aufgebaut, unten auf der Kuhwiese. Später kamen Tini, Nathalie und Nadine. Irgendwie lag ich auf einmal auf der Bank, und konnte so gut wie nichts mehr, Irgendwer ich vermute mal Alex, hat mich dann da runter gestoßen und dann haben mir welche Bier über meinen Kopf und meinen Körper gekippt! Ich blieb zunächst liegen, mit dem Gedanken dass die jeden Moment aufhören... Fehler! Jedenfalls war es dann irgendwann zu viel, bin aufgestanden und nach oben auf die Strasse gegangen, später war ich im ex-Trainingswald, dann kamen Nathalie und Christin hinterher, ich war sauer, bin in den Hochsitz gegangen, eine Flasche Wollbrink Joschi in der Hand. Die beiden haben sich ein paar mal entschuldigt, ich forderte sie öfters auf zu gehen. Als sie später weg waren bin ich Idiot ausm Hochsitz gesprungen, dann habe ich irgendwelche Lieder gesungen, und den Schmerz unterdrückt. Nach einer weile bin ich zurück durch den Wald in den Container... Nadine muss mich gesehen haben, denn sie kam hinterher. Ich war froh das ich mit ihr alleine war. Die redete die ganze Zeit auf mich ein, streichelte meinen Bauch und wartete darauf das ich was sage... Und was mach ich? Ich sage ihr sie sollte aufhören weil ich in dieser Bude zu viel schwitze... sie meinte darauf, das dies egal sei. Sie ging raus, ich versprach das ich nachkomme. Tat ich aber nicht. Ich wartete kurz, dann ging ich auf die Treppe, guckte kurz auf die Wand vom Ziegenstall und rannte los! Auf die Wand zu, fiel anschließend um. Ein paar kamen angerannt, Lars war als erster da, ich fragte ob ich tot sei. Ich kann jetzt nicht sagen was ich mir dabei gedacht habe...vllt hätte ich nicht so viel roten trinken sollen."

Auf einen Eintrag am 4. Juli 2005 in meinen Livejournal, in dem es darum ging, dass ich mich von meinen Freunden im Stich gelassen fühlte und in Zukunft keinen Kontakt mehr möchte, um ihnen nicht im Wege zu stehen, antwortete er dies:

„Genau das selbe hatte ich vor ca. 5 Wochen, ich weiss wovon du redest. Und du hast Recht - Es klappt sehr gut ohne bestimmte Menschen.

Das ist als wärst du oli p. als vorgruppe auf einem rammstein konzert. - keiner will dich sehen, aber alle dulden dich."

Dies bezog er vielleicht auf diesen Vorfall, den er am 4. Juni 2005 in seinem Livejournal postete:

„Leider musste ich in den letzten Wochen nicht nur feststellen das mein (damals) bester Freund sich an das Mädchen ranmacht das ich liebe, und auch sonst ein Arschloch ist, nein! Jetzt durfte ich auch noch erfahren das sie ihn liebt!

Meine derzeitigen Gefühle lassen sich nicht wirklich in Worte fassen. "Hass" wäre noch positiv ausgedrückt.

Was hab ich denn jetzt noch zu verlieren...nichts - Ich habe schon alles verloren. Es ist die Hölle, ein Leben vergeudet...das darf alles nicht wahr sein."

Mag sein, dass es nur kleine Sachen sind. Doch all dies und die täglichen Schindereien, die er in der Schule und auf der Straße mitbekommen hatte, brachten ihn zu seinem Punkt X! Es war nun an der Zeit, weiter zu planen und sich der Waffensuche zu widmen. Sein Freund Seitenwinder schien ihm eine Waffe besorgen zu wollen, wie wir später dann erfuhren, hatte er tatsächlich eine von ihm erhalten.

Auszug aus seinem Tagebuch am 10. April 2005:

„...Seitenwinder hat eine Waffe, ich hoffe er verkauft das Teil...."

Und weitere Waffen schien er auch zu erhalten ...

„11.05.2005 – 22.23 Uhr – Mittwoch

JA! Wahrscheinlich habe ich bald 2 Waffen, naja, besser gesagt eine; Einen 6mm Einzellader und einen Umarex Python Schreckschuß, wenn ich da Pfefferpatronen rein haue, kann ich ihn wohl gebrauchen! Der Scheiss ist nur, das ich dann noch eine gescheite 9mm brauche. Mal gucken wo ich die klauen kann."

Dies sollte aber nicht das Einzige sein, was er vorhatte. Neben den Waffen und den Rohrbomben wollte er ebenfalls, wie Eric und Dylan, Propangas Bomben einsetzen. Nur hatte er eine viel bessere Idee! In seinem Größenwahn schilderte er in seinem Tagebuch, wie er das Gas direkt aus den Chemie Räumen einsetzten wollte. Und somit einen Teil der Schüler und Lehrer zu vergasen und am Ende in die Luft zu sprengen.

„13.05.2005 – 12.28 Uhr – Freitag

Mir ist heute eingefallen, was mir schon vor einem Jahr hätte einfallen müssen... DAS GAS DER SCHULE!!! Warum soll ich Gasflaschen mitbringen, wenn ich doch ganze Räume voll Gas haben kann? Das ganze wird so ablaufen, dass ich den Feind in die vergasten Räume einschliesse... und ... BOOM!"

Ich kann nicht genau sagen, was passierte, aber er schien eine Weile keinen Sinn mehr in all dieser Planung zu sehen. Er wollte sein Leben weiterhin durchstehen, auch wenn es für ihn Leid und Elend bis zum Ende seines Lebens heißen sollte:

„07. Juni 2005

ich hab beschlossen es zu lassen. ich weiss nicht ob es das wirklich wert ist, ich weiss nicht ob ich im endeffekt wirklich was erreichen würde, und verdammt nochmal weiss ich nicht wo man in DE vernünftige kniften herbekommt!

ich werde den rest meines lebens ein abgefuckter looser sein, und da mir alles egal ist bekomme ich auch keinen abschluss. das ist die hölle, wenn einem alles egal ist. ich mein; ich lerne nicht mehr, ich beteilige mich nicht mehr und...ich tue eigentlich gar nichts mehr ausser vor mich hinvegetieren. es ist die hölle auf erden."

In seinem privaten Tagebuch hatte er nun eine lange Lücke, auch sein öffentliches Tagebuch wies eine Lücke auf, in der er nichts schrieb. Aus den Einträgen, die er danach am 1. November 2005 machte, schien er sich dennoch weiterhin mit dem Gedanken beschäftigt zu haben, eine perfekte Bombe zu bauen.

„01.11.2005 – 21.34 Uhr – Dienstag

Es ist viel, passiert, es hat sich einiges geändert, aber ich habe nichts geschrieben. Ich denke ich bin einfach nicht dazu gekommen. Vor kurzem war ich mit SW und später mit Heitmann Bomben teste; ICH HABS ENDLICH! Ich habe jetzt die Bomben die ich brauche, ich weiss wie ich das baue was meine Feinde in die Ewigkeit reisst..."

Sein Vorhaben war immer noch dasselbe, und er quälte sich mit dem Gedanken seiner Familie weh zu tun. Ihn plagten aber weiterhin extreme Angstzustände und diese erläuterte er so:

„... Es ist nicht leicht jeden Tag an seinen eigenen Kopfschuss zu denken, weil ich Familie habe. Aber es ist alles leichter als jeden Tag daran zu denken wie ich mich nie mehr vor die Tür traue, weil ich Angst habe wieder diese extremen Angstzustände zu erfahren. Mann... das ist doch einfach verrückt, ich bin in der Lage eine Schiesserei zu meistern, aber wenn ich einen von den Arschlöchern sehe bin ich wie gelähmt... Ich laufe die Strasse entlang und sehe welche von der Sorte, Jugendlich, hiphop, FEIND, und bekommen Wahnsinnige Angst, ich kann mich nicht mehr richtig bewegen und mir bleibt ansatzweise die Luft weg, meine Beine beginnen zu zittern und ich hätte es nicht geschafft davon zu laufen, weil ich nicht einen Fuss vor den anderen setzten kann. Wenn sie einen dann ansprechen kann ich nicht Klar denken, es kommt keine, oder eine Sinnlose Antwort. ..."

Dies führte er weiter aus und erläuterte wann in etwa seine Angst begann. Von dieser Angst geplagt, schwänzte er die Schule und als dies aufflog wendeten sich seine Eltern an die Lehrer seiner Schule und baten um Hilfe. Diese Hilfe war scheinbar nicht genug und dies ahnte Bastian auch.

„... Und das seit dem 7. Schuljahr. Fing eigentlich diese Angst erst im 7. Schuljahr an? Fing sie an als mich ein minderwertiges Lebewesen einen Hurensohn nannte, ich mich unter einer Treppe versteckte. Und dieses Objekt mich dann im Schulgebäude suchte? Ich hatte Angst, saß da unter der Treppe, und als ich nach einiger zeit von 2 Mädchen gefunden wurde sagte ich dass ich geschlafen hatte. Es ist alles nur noch Schlimmer geworden. Darauf hin habe ich Tagelang die Schule geschwänzt, weil ich wusste man würde wieder auf mich warten. Als ich dann mit der Sprache rausgerückt bin, sind wir zu den Lehrern gegangen, meine Eltern und ich. Ich habe alles erzählt, und man hat mir gesagt das darauf geachtet werde das diese Schüler nicht mehr auf das Schulgelände kommen, weil die sie vom Findlichen Rekrutierungslager Marienschule kommen. Auch hat man mir gesagt das ich wenn es wieder Probleme gäbe ich es erzählen soll... soll ich das auch noch mit 40 machen? Von meinem Scheiss leben erzählen? So ein Leben will ich nicht leben! Mein Leben war perfekt, bis ich 6 Jahre alt war.

Andere Leute haben immer wieder ihre Erfolgserlebnisse, Ich habe meine Erfolgserlebnisse nicht in der Schule, ich habe sie nicht in der Familie, nein, ich spüre Erfolg wenn eine Testbombe so explodiert wie ich es wollte, wenn sich wieder ein Mensch mehr fragt was ich für ein Mensch bin, oder wenn ich in DOOM eine gute Serie hatte. ..."

Um noch einmal deutlich zu machen, dass er Eric und Dylan nicht kopierte, wies er noch einmal darauf hin, dass er nur Doom spielte, weil sein Computer Probleme mit den 3D Grafiken hatte.

(Mit Doom sind nur Doom I und Doom II gemeint, welche keine großen Anforderungen an die PC Hardware stellten.)

„... Dabei fällt mir ein; denkt bloss nicht ich spiele DOOM weil Reb und Vod es gespielt haben! Durch Columbine habe ich zwar von DOOM erfahren aber spielen tu ich es weil mein PC so langsam ist, CS läuft nicht richtig, das reicht gerade mal zum mappen."

Das Computerspiele seine Tat nicht beeinflusst haben, ihn eher abgelenkten und sogar positiv beeinflussten, ebenso die Musik, die ihm half, als es ihm schlecht ging, dies schrieb er erneut am 17. November 2006:

„...I'm not a fucking psycho! It's not Airsoft or music that make me kill people, it's you! Airsoft helped me to hit what i'm aiming! Music helped me when i was fuckin' down!..."

Bastian sah sich neben Eric Harris und Dylan Klebold, die für ihn Legenden, nein, sogar Götter waren.

„15.11.2005

Eric Harris und Dylan Klebold sind Legenden, Steinhäuser ist nur ein Held :D Eric hatte eine verdammt gute Einstellung zum leben, vieles sehe ich wie er es sah, und das schon bevor ich mich jemals mit Columbine befasst habe! Ich bin sicher wenn ich Reb und VoDKa gekannt hätte wäre der 3. Weltkrieg gewesen."

Er sah sich zum Schluss auch als Gottheit und einen Helden. Er fing, an eine List mit Leuten aufzustellen. So schrieb er am 07. November 2005:

„Morgen werde ich wahrscheinlich das erste Soziogramm erstellen. Ich will herausfinden wen ich auf jeden fall umbringen muss, damit ich möglichst viele psychische Schäden erleiden. In den vergangenen Wochen habe ich mir einen neuen besseren Plan überlegt, eine detaillierte Auflistung wird noch erstellt, aber das wichtigste ist doch das ich diesen Wahnsinns Akt im Kopf habe.

Ich denke oft daran das es 2 Sorten von Menschlichen Gedankengut gibt, was das Leben angeht, das ist schwer zu erklären, vor allem in schriftlicher Form..."

Er versuchte, eine Theorie über die Menschheit bzw. die Menschen an sich aufzustellen und durch das verdeutlichen des Wortes „die Menschen", distanziert er sich wieder von seiner Menschlichkeit.

„Die einen sehen es so; Sie kommen auf die Welt, und leben, sie lernen dies und kaufen das. Tun dies und sagen jenes. Für sie ist einfach alles normal, es gibt Häuser die man baut um drin zu wohnen, Schuhe die man Kaufen kann um schön auszusehen. Die andere Seite aber zu der ich mich zähle, macht sich bewusst was Leben eigentlich bedeutet. „Menschen sind auch nur Tiere, zivilisierte Tiere" Schuhe sind nur ein Produkt aus irgendwelchen Materialien. In ferner Zukunft wird man über unsere Schuhe lachen genauso wie wir heute über die Schuhe aus Holz und Leder aus früheren Zeiten lachen. Ich finde das die Menschen glauben sie seien soo weit entwickelt, die Wahrheit jedoch ist, das die Menschen nur ein dummer Haufen Fleisch sind, der ohne Technik jämmerlich zu Grunde gehen würde, weil er abhängig ist. Hmmm...scheisse.. was würde wohl passieren wenn jemand meine Aufzeichnungen vor dem Tag finden würde? Ich glaube ich will es gar nicht wissen."

Wie lächerlich das alles auf ihn gewirkt hatte, schrieb er weiter am 12. November 2005 und merkte gar nicht, dass er ebenso die Schuld auf andere schob (z.B. HipHop) wie die Menschheit seiner Meinung nach es immer tut und tat.
Wie realitätsfremd er zum Schluss war, bzw. ob er das überhaupt war, wird für uns wahrscheinlich nie zu beantworten sein, aber seine Aufzeichnungen sprechen für sich.

„Die Menschheit ist ihr grösster Feind! Die Menschen zerstören sich und ihre Welt selber, sind aber verdammt nochmal zu scheisse um das zu merken, sie suchen ständig nach schuldigen, und immer glauben sie einen gefunden zu haben. Entweder in dem Schwarzen Mädchen mit kleinen Titten, oder dem kleinen pickligen Streber, dessen Brillenglas

1cm dick ist. Oder, weil es am einfachsten ist, die Kerle im schwarzen
Trenchcoat.
Ich hasse sie alle, die ganze Gottverdammte Menschheit! Es macht
mich krank Tag für Tag mit ansehen zu müssen wie viel scheisse sie
fabrizieren! Ich würde am liebsten auf sie losrennen und sie zu Boden
stechen, langsam ausbluten lassen, Ich sehe Ihnen dann tief in die
Augen, und weiss, ich bin Gott!"

Und an die Worte „ich bin Gott!", so erschreckend das auch ist, daran
schien er langsam wirklich zu glauben. Seine Definition vom normalen
Leben war nicht die, die als populär angesehen wurde, dies ärgerte
ihn und so beschrieb er dies...

„Wisst ihr was euer Problem ist? Ihr habt die Vorstellung eines
„normalen Lebens"; alles ist wie es ist. Politiker mit der Polizeilichen
Gewalt, der Exekutive unter sich haben es zusagen. Wenn sie sagen
ihr müsst mehr Steuern zahlen, dann zahlt ihr sie eben, es gefällt euch
nicht, aber letzten endlich zahlt ihr, weil es für euch normal ist, das
andere euer leben in der Hand haben. Für euch gibt es nur das
„normale Leben", Kinder müssen zu Schule, Väter müssen Arbeiten,
und die GEZ will Geld dafür haben, das ihr euren Fernseher an macht.
Ich hasse eure verdammte Lebenseinstellung, euer „normales leben"
mit Politik, Hierarchie und Religion! ES GIBT KEINEN GOTT! Scheisse...
wieso glaubt ihr so einen Schwachsinn? Wieso glaubt ihr an das was
man euch erzählt? Ich weiss es! Hätte man euch von klein an erzählt
das Kühe nur auf unseren Wiesen stehen weil auf dem Mond die
Sterne zu hoch, und Überbevölkerung an der Tagesordnung sind,
hättet ihr es auch geglaubt! Dann würdet ihr jedesmal wenn ihr an
einer scheiss Wiese vorbei geht denken „zum glück lebe ich auf dieser
schönen Erde, und nicht auf dem scheiss Mond!!!" Religion wird von
Menschen von Geburt an eingetrichtert! Religion ist Gehirnwäsche!...
Vor Gott sind alle Menschen gleich? Wieso gibt es dann eine Hölle? Ihr
gehört erschossen Leute!

Die Erde ist krank, sie hat Menschen! Der Mensch hat diese Welt
zerstört! Er hat sich zu einer Seuche entwickelt, eine Seuche die nur
noch mit dem Tode der Menschheit besiegt werden kann. Eric hat es

perfekt gesagt:" If i could nuke the world – I would" Dem kann ich mich nur anschließen. Eher jedoch wäre ich für die Ausrottung des Menschen. Die Welt sollte den Tieren gehören, allen Tieren ausser der Rasse Mensch. Im Idealfall bleiben ich und Meine Familie am Leben, und ein paar andere Menschen die in Ordnung sind, um uns fort zu pflanzen."

„Ich werde die Erde ein Stück besser machen, indem ich einige von euch in den Tod schicke!"

Auch wenn Bastian erst nach seiner Schulzeit seinen Anschlag begann, plante er stetig weiter. Er und einige Klassenkameraden übernahmen die Pausenaufsicht. (An der Geschwister Scholl Schule dürfen sich Schüler, bei gutem Wetter, nicht im Schulgebäude aufhalten. Die Schüler des 10. Jahrgangs werden damit beauftragt, die Pausenaufsicht zu leiten und damit die ersten Erfahrungen mit Verantwortung umzugehen zu lernen.) Er wählte die Zeiten aus, die für eine mögliche Tat am besten geeignet sind. Zudem rannte er Strecken ab, um zu sehen, wie lange er für diese brauchen würde. Ihm wurde es sehr leicht gemacht, da er sogar Zutritt zu Fachräumen hatte. So konnte er alles in Ruhe und real vor Ort planen. Somit waren seine nachgebauten Counter Strike Maps nachweislich nur eine kunstvolle Spielerei. Zum Schluss schreibt er dann am 20. April 2006:

„Ich denke nicht, dass es am 18.05.2006 zum Angriff auf die GSS kommt. Ich kann viel mehr zerstören wenn ich noch eine Zeitlang plane und sammle."

Im Laufe seines letzten Halbjahres sammelte sich seine Wut, insbesondere auf die Lehrer und eine Frau Paetzold. Zu dem berichtete er darüber, wie sehr er sich schikaniert vorkam. Ein Auszug vom 17. Januar 2006 beschreibt dies so:

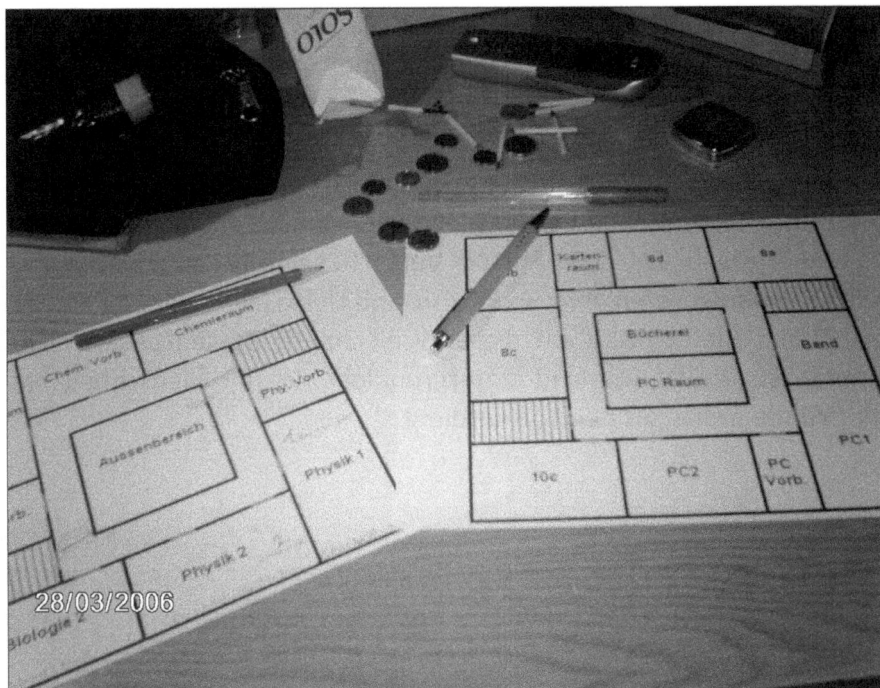

„Wisst ihr was Lehrer machen, wenn man 3 mal Hausaufgaben nicht macht? Es wird ein Brief nach Hause geschrieben, der die Eltern informieren wird, wie Scheiße ihr Kind doch ist! Doch dieser verdammte Penner zählt die nicht gemachten HA's zusammen, immer und immer wieder, obwohl er schon etliche Briefe geschrieben hat! So kam es heute also das meine Eltern einen Brief von diesen Bastard bekamen, laut dem ich seit dem letzten Brief keine Hausaufgaben gemacht habe; 18 mal!!! Ich wäre fast ausgerastet vor Wut!!!"

Statt sich mit Bastian direkt zusammenzusetzten und zu besprechen, warum seine Hausaufgaben nicht gemacht werden und ob man ihm irgendwie helfen könnte, blieb es bei sinnlosen Verwarnungen, die ihn nur noch mehr in Wut versetzten. Genau diese Schulpolitik war es, die bei Bastian versagt hat, obwohl man seine auffällige Art sehr wohl mitbekommen hatte. Er sprach mit niemandem und war immer auffällig still in der Schule. Nach seinem Abschluss bewarb er sich um einen Ausbildungsplatz im Praktiker Baumarkt und wurde nicht genommen. So entschied er sich, einen Job als Aushilfe dort anzunehmen.

Ab dem 10. August 2006 fing er an, seine letzten Seiten zu verfassen. Insgesamt 13 Seiten die Bastians letzten 3 Monate dokumentieren. Es ist eine Art Selbstinszenierung, ein Versuch, seine Tat zu erklären und wiederum aufzurufen, ihm, sowie Eric und Dylan, zu folgen, da er, wie es scheint, der einzige auf dieser Welt zu ist, dessen Leben nicht sinnlos ist. Die stupide und hintergrundlose Art der Menschheit hat im Grunde nichts, als den Tod verdient.

„10.08.2006

Von allen Leben auf dieser Welt ist meins anscheinend das einzig sinnvolle. Ist doch wahr... guckt man sich die Menschen heute an sieht man lehre Körper, auf getakelt und raus geputzt bis zum Geht nicht mehr doch das ist nur die Hülle. Innen drin ist es leer. Man lebt nur noch um sich zu publizieren. Man vermarktet sich regelrecht. Jeder Mensch will das Produkt "ich" als etwas Wunderbares verkaufen, und weil einer noch Dümmer ist wie der andere ist klappt das auch prima. Wer da nicht mitzieht steht allein da. Ich satte:" fickt euch!" "

Seine anarchistische Tendenz wurde dann immer deutlicher. Diese ging, wie meist bei ihm, über in blinde Wut. Dieses Mal gegen den Staat. Diesen verglich er mit dem Dritten Reich und zu guter Letzt mit der Schule, bzw. der in Deutschland gesetzlich vorgeschriebenen

Schulpflicht, die er mit der Hitlerjugend vergleicht und sogar als Gehirnwäsche bezeichnet.

„18. 09. 2006

Wir leben in keiner Demokratie! Wir sind auf dem besten Weg zu einer Diktatur! Von den braunen Hampelmännern in Dresden mal abgesehen sind wir jeden Tag von Faschisten Schweinen umgeben! Vergleicht man den heutigen Staatsapparat mal mit dem von Hitler wird man ganz schnell feststellen das es alte Suppe in neun Dosen ist was man uns hier als Politik verkaufen will! Nehmen wir nur mal die KZ's der Nazis... Das ist derselbe fick wie Gefängnisse. Wer kam in die Lager? Die sogenannten politischen Gegner. Und wer kommt in die Gefängnisse heutzutage? Die sogenannten politischen Gegner! Du bist doch schon deren Gegner wenn du auf dem falschen Parkplatz stehst, dann zwingen sie dich Geld zu zahlen. Scheisse! Ich darf Parken wo ich will! Demokratie = Volksherrschaft. Scheisse, wo herrscht den hier Bitte das Volk? Alle 4 Jahre vielleicht wenn wir die Wahl haben zwischen scheisse, scheisse und richtig scheisse? Dieses Fascholand braucht Revolten und Straßenkämpfe, solange bis die Drecks Regierung gestürzt ist!

Und was hat eigentlich damals die SS, die SA gemacht? Menschen eingesperrt wenn sie gegen die Regierung waren. Und die Bullen heute! Sie tun das selbe!

Und dann wäre Ja noch unsere geliebte Schule... Zu vergleichen mit der Hitler Jugend. Wirst einer Gehirnwäsche unterzogen, ohne das du es merkst. Dir wird eingeprügelt was gut und was schlecht ist... in ihren Augen. Wer sich dagegen wehrt landet im KZ... Pardon, im Knast!"

Das Interesse, das Eric Harris damals hatte, im Bezug auf das Dritte Reich und Deutschland, ist nicht im geringsten mit dem Hass, den Bastian zu diesem Zeitpunkt, diesem Land entgegenbrachte, zu vergleichen. Trotzdem war es Eric und seine Lebensansichten für ihn sehr erstrebenswert. Dennoch wollte er nicht, dass man ihn als Kopie ansieht.

„...Bevor jemand von euch behauptet ich sei ein Nachahmungstäter von Harris oder sonst wem, sollte mal einen Moment nachdenken: ist ein kleiner doofer Priester nur ein „Nachahmungstäter" des Papstes? Nein! Natürlich nicht! Er glaubt an dieselbe Sache wie der Papst, aber er macht ihn nicht nach. Er hat die gleiche Sicht der Dinge. Er ist, wie der scheiß Papst, Teil eines Ganzen. Wehe irgend so ein Sack Gesicht von geistlichen reißt sein Maul auf meiner Beerdigung auf! ...“

Weiter schrieb er über Eric:

„26. 09. 2006

ERIC HARRIS

Der wohl vernünftigste junge den eine beschissene High School bieten kann...pff..ERIC HARRIS IST GOTT! Da gibt es kein Zweifel. Es ist erschreckend wie ähnlich Eric Mir war. Manchmal kommt es mir vor als würde ich sein leben noch mal leben, als wenn sich das alles nochmal wiederholen würde. Ich bin keine Kopie von REB! Aus seinen Fehlern habe ich gelernt, die Bomben. Aus seinem ganzen Leben habe ich gelernt.“

Am gleichen Tag chattete ich mit ihm und er berichte mir über einen Vorfall:

ResistantX: jo, hab die aber im moment nich hier, musste alles ausm haus entfernen :D

Chris: lol ;D was machst du den wieder für Sachen ^^

ResistantX: ICH habe EINMAL in meinem scheiss leben meinen arsch für andere riskiert, und was ist? verhaftet -.-

Chris: oje .. wie kams dazu? ... ich sag ja TRAUE NIEMANDEN!

ResistantX: ach, ich war in sonem wald spazieren, in der nähe war son open air festival. ich bemerke wie sich hinter mir 2 leute die fresse einhauen, und da hab ich getan was jeder introvertierte einzelgänger getan hätte: hab den meine walther p88 unter die nase gehalten :D

Chris: und die haben die bullen geholt?

ResistantX: jop
ResistantX: war nich so lustig.. aber die bullen hatten schiss als die um mich rumstanden ..loool
ResistantX: war aber nur ne gaspistole, und ich hatte einen schein dafür.. naja.. "polizei, sa, ss, gsg9 und bgs..."

Chris: *G* da merkt man wieder wie gut geschult unsere polizei ist nicht?.. und die konsequenzen?

ResistantX: ich weiss nicht, werde demnächst ein Gerichtstermin haben
ResistantX: mein fehler war aber nicht der vorfall selber, sondern das ich während ich die knifte dabei hatte 2 bier vom festgelände geholt habe, denn damit darf man da nicht drauf :P

Nach der Tat konnte man dann ein Blog im Internet ausfindig machen, der genau diese Tat von der anderen Seite schilderte. So findet man unter www.mlohmann.de dies:

„Phillip fährt ca. 5 Meter vor mir und biegt in einen Waldweg ab, Jemand steht mitten auf der Strasse und spuckt nur ganz leicht an Phillip vorbei. Phillip pöbelt ihn natürlich an :" Ey pass mal auf wo du hinrotzt!" Der Typ pöbelt irgendwas zurück. Normal. Nach 15 weiteren Metern schiesst der Typ aufeinmal an mir vorbei und schmeisst sich seitlich auf Phillip, auf dem Boden angekommen zimmert er ihm erstmal eine rein, ich versuch den Typen gerade von Phillip runterzuziehen da taucht aufeinmal ein Typ aus dem nichts aus, baut sich vor uns auf und brüllt: "Auseinander - ich hab ne Knarre!"

Ziemlich verdattert stehen wir drei aufeinmal nebeneinander und glotzen auf eine auf uns gerichtete Knarre. Der Typ macht einen absolut wirren Eindruck und ich überlege wie es jetzt weiter gehen soll: Allen beiden was auf die Fresse hauen? Zu gefährlich - wir total voll und die Jungs eher nüchtern. Nach den Bullen rufen die ca. 50 Meter entfernt stehen? Viel zu schwul. Versuchen die Gemüter zu beruhigen? Scheinbar das beste. Hat dann auch geklappt und wir haben uns vom Acker gemacht. Auf dem Rückweg haben wir dann überlegt nocheinmal umzudrehen und 1. den Typen mit der Knarre bei den Bullen anzuschwärzen und 2. Uns den Rotzknego nochmal zu krallen und ihm was auf die Fresse zu hauen. Das haben wir als vernünftige junge Erwachsene natürlich nicht gemacht. Wir sind ja schon alt und haben alle Überlegungen auch bzgl. einer Bewaffnung (Knüppel, Fahrradkette - Clockwork Orange Stilo) fallen gelassen. Wir sind dann nach Hause gefahren...Pussys :-) vor 6-7 Jahren hätte ich meine Gasknarre geholt. Aber was soll man sich das Leben schwer machen durch so einen Kram(Hab ich ja auch schon einmal...). Phillip ging es lediglich tierisch auf den Sack dass er so voll war und nicht zurückboxen konnte aber wir haben uns köstlich über die verrückte Situation amüsiert. Der erste Gedanke am nächsten morgen war: Scheisse - Den Typen hätten wir die Bullen auf den Hals hetzten sollen. Denn wer weiss was da noch so abgegangen ist mit dem Typen. Jedenfalls stand heute in der Zeitung dass die Cops den Typen inkl. Wumme eingesackt haben. Der stand da wohl den ganzen Abend am Ausgang und is zwischen Leute gegangen die gestresst haben und Stress gibt es in Detten immer. Scheint ein selbsternannter Robin Hood zu sein oder so...Ist ja gar nicht schlecht wenn er da aufpassen will - Aber bitte nicht mit ner Knarre Kollege! Junge, junge...In Detten ist was los!"

Bastian hatte eigentlich nur vor, diesen Jungen zu helfen, da er deutlich in der Minderheit war. Die Art und Weise, wie er diese Situation in den Griff bekommen wollte, ist natürlich nicht wirklich vorbildlich, und ist wahrscheinlich der Grund für seine Kurzschlussreaktion, da am 21. November 2006 dieses vor Gericht verhandelt werden sollte. Vielleicht war gerade dies der „klick", der ihm gefehlt hatte, um so weit zu gehen.

Sein nächster Eintrag wurde nun konkreter:

 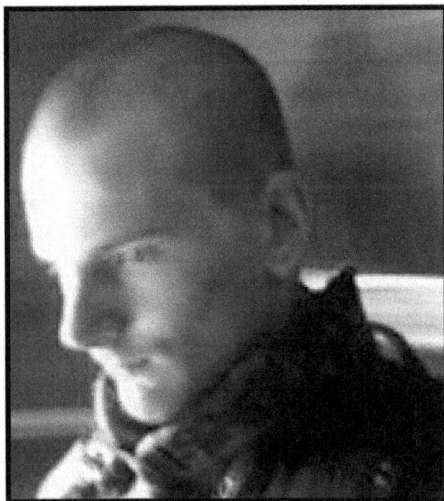

vorher   nachher

"18. 10. 2006
Es ist egal was du in deinem Leben machst, es ist alles vergänglich!
RX! Selbst mein Angriff auf die GSS ist irgendwann ungeschehen! Ich
wünschte ich könnte die beschissene Zeit zurückdrehen, und mit dem
Wissen was ich nun habe von vorne beginnen. Doch selbst wenn ich
könnte würde das am Start oder Regierung ändern. Ich hasse dieses
verdammte Land! Ich will frei sein! " Tote oder Freiheit" "

Vielleicht meinte er damit sogar den Vorfall, der ihn vor
Gericht bringen sollte? Er schien auf jeden Fall Angst zu haben, seine
Freiheit zu verlieren. Doch waren diese Ängste unbegründet? Eines ist
klar, es gab keinen Rückzug mehr für ihn. Am 13. November 2006
schrieb er seine Einträge nur noch in Englisch und setzte seinen
letzten Tag fest. Dass es ein Tag vor seinem Gerichtstermin war,
könnte ein Zufall sein... aber wenn man sich das ganze richtig
anschaut und seinen Hintergrund betrachtet, war es vielleicht doch
kein Zufall? Der 20. ist natürlich gewählt wegen dem 20. April 1999,
doch warum ausgerechnet November? Nun, das ist eigentlich auch

nicht so schwer zu erklären. Er mochte Filme, und einer seiner Favoriten war unter anderem „V wie Vendetta", in dem es um einen Märtyrer geht, der eine Revolution startet, und später wird diese von einem anderen „Opfer" der Gesellschaft weiter geführt, was natürlich wiederum auf die „RebVodlution" passt. Und dies findet alles im November statt!

"Today i passed the point of no return. I shot my muzzleloaders the first time and fuck –THAT SHIT WORKS! This sawed of Shotgun kick ass man...

Also i got 10 more .22 bullets, which makes a total of 48. 22's. 20.11.2006 will be my big ass ENDING!"

Die Begründung, warum er nun anfing, sein Tagebuch in Englisch weiter zu führen, erläuterte er am 17. November 2006:

„...All I want is to killing, hurting and scaring as much people as possible!
Sometimes i wrote shit in english, because I want everybody to understand what the hell i'm Talking about!..."

Dies war auch der Grund, warum sein Abschiedsvideo komplett in Englisch gehalten war! Er wollte der Welt seine Geschichte erzählen und anderen Mut machen, nicht aufzugeben. Sein letzter Abend muss sehr einsam ausgesehen haben. Auf jeden fall nutzte er diese Zeit aus, um noch einmal über alles nachzudenken. Am 19. November 2006, an seinem letzten Abend, schrieb er dies:

„This is the last evening I will ever see. I should be happy about all this, but somehow i'm not. It's my family... They are all good people and I will hurt them tomorrow. It's sad, to know I won't see them again after tomorrow morning. To These I Love: I'm very sorry about all this..."

Seine Familie lag ihm sehr am Herzen und war zum Schluss das Einzige, was ihn zögern ließ. Er appelliert an den Rest seiner Familie, seine Geschwister und seine Eltern sowie Großeltern zu unterstützen.

„…If anybody of my whole big family is a good human. Please help my parents, my grandma, my sister and my brother. I love them! And I hate me for hurting them. They are nice and good people!…"

Zum Schluss schreibt er, wie er in Erinnerung bleiben will: als Held neben Eric und Dylan! Und seine Hoffnung, dass andere Außenseiter besser behandelt werden, nachdem er sein Leben gelassen hat.

"I hope that other outcasts will be treathed better after GSS! And i hope that some of ‚em will be like Reb, Vod and Me!

A FUCKING HERO!

It's kinda weird… i've been planning I knowing this far along time, and now its felts like"DAAAMN that came quick"!"

Und so endet nun sein Plan. Am 20. November 2006 schrieb er seinen letzten Eintrag

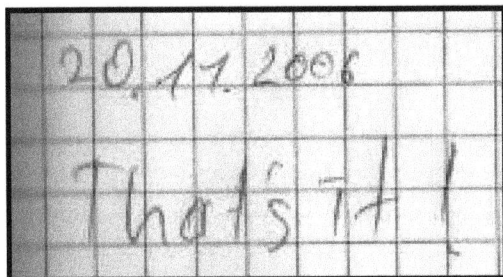

Bevor er sich nun auf den Weg zu seiner ehemaligen Schule machte, stellte er seine Videos, Fotos sowie alle Couterstrike Maps die er erstellt hatte online. Diese Linksammlung fasste er in einer Textdatei zusammen die man unter: http://www.stay-different.de/rxlinks.txt online einsehen konnte. Diesen Link sendete er an ausgewählte

Kontakte in seiner ICQ Liste und mir den Inhalt als E-Mail. Zusätzlich einen Link zu den letzten 13 Seiten seines Tagebuches und einer Textdatei, die er auch auf seiner Internet Seite online stellte. Im Forum konnte ich einen Eintrag von ihm lesen mit der Überschrift „tschö" und dem oben genannten Link, den er um 8:15 Uhr postete. Somit konnte er mit ruhigem Gewissen gehen und sich sicher sein, dass seine Botschaft in ganz Deutschland, bzw. in der Welt, gehört wird...

Folgenden Text konnte man auf seiner Internetseite lesen:

„Wenn man weiss, dass man in seinem Leben nicht mehr Glücklich werden kann, und sich von Tag zu Tag die Gründe dafür häufen, dann bleibt einem nichts anderes übrig als aus diesem Leben zu verschwinden. Und dafür habe ich mich entschieden. Es gibt vielleicht Leute die hätten weiter gemacht, hätten sich gedacht "das wird schon", aber das wird es nicht.

Man hat mir gesagt ich muss zur Schule gehen, um für mein leben zu lernen, um später ein schönes Leben führen zu können. Aber was bringt einem das dickste Auto, das grösste Haus, die schönste Frau, wenn es letztendlich sowieso für'n Arsch ist. Wenn deine Frau beginnt dich zu hassen, wenn dein Auto Benzin verbraucht das du nicht zahlen kannst, und wenn du niemanden hast der dich in deinem scheiss Haus besuchen kommt!

Das einzigste was ich intensiv in der Schule beigebracht bekommen habe war, das ich ein Verlierer bin. Für die ersten Jahre an der GSS stimmt das sogar, ich war der Konsumgeilheit verfallen, habe danach gestrebt Freunde zu bekommen, Menschen die dich nicht als Person, sondern als Statussymbol sehen.

Aber dann bin ich aufgewacht! Ich erkannte das die Welt wie sie mir erschien nicht existiert, das sie eine Illusion war, die hauptsächlich von den Medien erzeugt wurde. Ich merkte mehr und mehr in was für einer Welt ich mich befand. Eine Welt in der Geld alles regiert, selbst in der Schule ging es nur darum. Man musste das neuste Handy

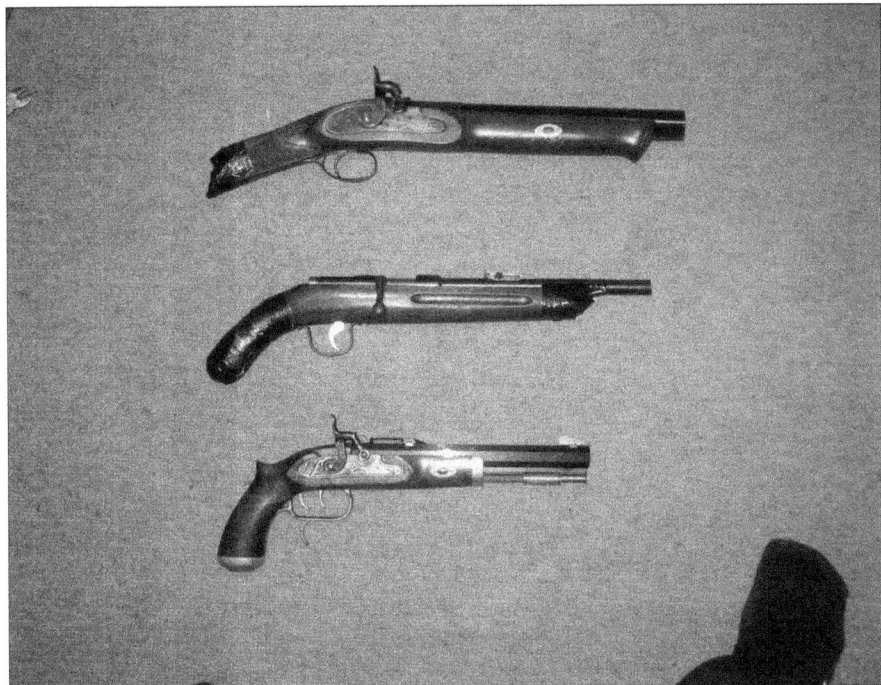

haben, die neusten Klamotten, und die richtigen "Freunde". hat man eines davon nicht ist man es nicht wert beachtet zu werden. Und diese Menschen nennt man Jocks. Jocks sind alle, die meinen aufgrund von teuren Klamotten oder schönen Mädchen an der Seite über anderen zu stehen. Ich verabscheue diese Menschen, nein, ich verabscheue Menschen.

Ich habe in den 18 Jahren meines Lebens erfahren müssen, das man nur Glücklich werden kann, wenn man sich der Masse fügt, der Gesellschaft anpasst. Aber das konnte und wollte ich nicht. Ich bin frei! Niemand darf in mein Leben eingreifen, und tut er es doch hat er die Konsequenzen zu tragen! Kein Politiker hat das Recht Gesetze zu erlassen, die mir Dinge verbieten, Kein Bulle hat das Recht mir meine Waffe wegzunehmen, schon gar nicht während er seine am Gürtel trägt.

Wozu das alles? Wozu soll ich arbeiten? Damit ich mich kaputtmaloche um mit 65 in den Ruhestand zugehen und 5 Jahre später abzukratzen? Warum soll ich mich noch anstrengen irgendetwas zu erreichen, wenn es letztendlich sowieso für'n Arsch ist weil ich früher oder später krepiere?

Ich kann ein Haus bauen, Kinder bekommen und was weiss ich nicht alles. Aber wozu? Das Haus wird irgendwann abgerissen, und die Kinder sterben auch mal. Was hat denn das Leben bitte für einen Sinn? Keinen! Also muss man seinem Leben einen Sinn geben, und das mache ich nicht indem ich einem überbezahlten Chef im Arsch rumkrieche oder mich von Faschisten verarschen lasse die mir erzählen wollen wir leben in einer Volksherrschaft.

Nein, es gibt für mich jetzt noch eine Möglichkeit meinem Leben einen Sinn zu geben, und die werde ich nicht wie alle anderen zuvor verschwenden! Vielleicht hätte mein Leben komplett anders verlaufen können. Aber die Gesellschaft hat nunmal keinen Platz für Individualisten.

Ich meine richtige Individualisten, Leute die selbst denken, und nicht solche "Ich trage ein Nietenarmband und bin alternativ" Idioten!

Ihr habt diese Schlacht begonnen, nicht ich. Meine Handlungen sind ein Resultat eurer Welt, eine Welt die mich nicht sein lassen will wie ich bin. Ihr habt euch über mich lustig gemacht, dasselbe habe ich nun mit euch getan, ich hatte nur einen ganz anderen Humor!

Von 1994 bis 2003/2004 war es auch mein Bestreben, Freunde zu haben, Spass zu haben. Als ich dann 1998 auf die GSS kam, fing es an mit den Statussymbolen, Kleidung, Freunde, Handy usw.. Dann bin ich wach geworden. Mir wurde bewusst das ich mein Leben lang der Dumme für andere war, und man sich über mich lustig machte. Und ich habe mir Rache geschworen!

Diese Rache wird so brutal und rücksichtslos ausgeführt werden, dass euch das Blut in den Adern gefriert. Bevor ich gehe, werde ich euch einen Denkzettel verpassen, damit mich nie wieder ein Mensch vergisst! Ich will das ihr erkennt, das niemand das Recht hat unter einem faschistischen Deckmantel aus Gesetz und Religion in fremdes Leben einzugreifen!

Ich will das sich mein Gesicht in eure Köpfe einbrennt!

Ich will nicht länger davon laufen!

Ich will meinen Teil zur Revolution der Ausgestossenen beitragen!

Ich will R A C H E !

Ich habe darüber nachgedacht, dass die meisten der Schüler die mich gedemütigt haben schon von der GSS abgegangen sind. Dazu habe ich zwei Dinge zu sagen:

1. Ich ging nicht nur in eine klasse, nein, ich ging auf die ganze Schule.

Die Menschen die sich auf der Schule befinden, sind in keinem Falle unschuldig! Niemand ist das! In deren Köpfen läuft das selbe Programm welches auch bei den früheren Jahrgängen lief!

Ich bin der Virus der diese Programme zerstören will, es ist völlig irrelevant wo ich da anfange.

2. Ein Grossteil meiner Rache wird sich auf das Lehrpersonal richten, denn das sind Menschen die gegen meinen Willen in mein Leben eingegriffen haben, und geholfen haben mich dahin zu stellen, wo ich jetzt stehe; Auf dem Schlachtfeld! Diese Lehrer befinden sich so gut wie alle noch auf dieser verdammten schule!

Das Leben wie es heute täglich stattfindet ist wohl das armseligste was die Welt zu bieten hat!

S.A.A.R.T. - Schule, Ausbildung, Arbeit, Rente, Tod

Das ist der Lebenslauf eines "normalen" Menschen heutzutage. Aber was ist eigentlich normal?

Als normal wird das bezeichnet, was von der Gesellschaft erwartet wird. Somit werden heutzutage Punks, Penner, Mörder, Gothics, Schwule usw. als unnormal bezeichnet, weil sie den allgemeinen Vorstellungen der Gesellschaft nicht gerecht werden, können oder wollen.

Ich scheiss auf euch! Jeder hat frei zu sein!

Gebt jedem eine Waffe und die Probleme unter den Menschen lösen sich ohne jegliche Einmischung Dritter. Wenn jemand stirbt, dann ist er halt tot. Und? Der Tod gehört zum Leben! Kommen die Angehörigen mit dem Verlust nicht klar, können sie Selbstmord begehen, niemand hindert sie daran!

S.A.A.R.T. beginnt mit dem 6. Lebensjahr hier in Deutschland, mit der Einschulung.

Das Kind begibt sich auf seine persönliche Sozialisationsstrecke, und wird in den darauffolgenden Jahren gezwungen sich der Allgemeinheit, der Mehrheit anzupassen. Lehnt es dies ab, schalten sich Lehrer, Eltern, und nicht zuletzt die Polizei ein.

Schulpflicht ist die Schönrede von Schulzwang, denn man wird ja gezwungen zur Schule zu gehen.

Wer gezwungen wird, verliert ein Stück seiner Freiheit.

Man wird gezwungen Steuern zu zahlen, man wird gezwungen Geschwindigkeitsbegrenzungen einzuhalten, man wird gezwungen dies zu tun, man wird gewzungen das zu tun. Ergo: Keine Freiheit!

Und sowas nennt man dann Volksherrschaft. Wenn das Volk hier herrschen würde, hiesse es Anarchie!

WERDET ENDLICH WACH - GEHT AUF DIE STRASSE - DAS HAT IN DEUTSCHLAND SCHONMAL FUNKTIONIERT!

Nach meiner Tat werden wieder irgendwelche fetten Politiker dumme Sprüche klopfen wie "Wir halten nun alle zusammen" oder "Wir müssen gemeinsam versuchen dies durchzustehen". Doch das machen sie nur um Aufmerksmakeit zu bekommen, um sich selbst als die Lösung zu präsentieren.

Auf der GSS war es genauso... niemals lässt sich dieses fette Stück Scheisse von Rektorin blicken, aber wenn Theater- aufführungen sind, dann steht sie als erste mit einem breiten Grinsen auf der Bühne und präsentiert sich der Masse!

Nazis, HipHoper, Türken, Staat, Staatsdiener, Gläubige...einfach alle sind zum kotzen und müssen vernichtet werden!

(Den begriff "Türken" benutze ich für alle HipHopMuchels und Kleingangster; Sie kommen nach Deutschland weil die Bedingungen bei ihnen zu hause zu schlecht sind, weil Krieg ist... und dann kommen Sie nach Deutschland, dem Sozialamt der Welt, und lassne hier die Sau raus. Sie sollten alle vergast werden! Keine Juden, keine Neger, keine Holländer, aber Muchels! ICH BIN KEIN SCHEISS NAZI)

Ich hasse euch und eure Art! Ihr müsst alle sterben!

Seit meinem 6. Lebensjahr wurde ich von euch allen verarscht! Nun müsst ihr dafür bezahlen!

Weil ich weiss das die Fascholizei meine Videos, Schulhefte, Tagebücher, einfach alles, nicht veröffentlichen will, habe ich das selbst in die Hand genommen.

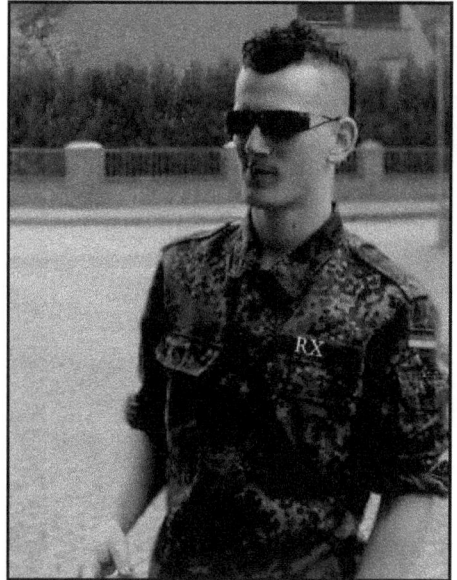

Als letztes möchte ich den Menschen die mir was bedeuten, oder die jemals gut zu mir waren, danken, und mich für all dies Entschuldigen!

Ich bin weg..."

Kapitel 6 Der Tathergang

Nachdem Bastian seine Nachricht im Internet verbreitete, sowie seine letzten ICQ Nachrichten und Emails abschickte, formatierte er seine Festplatten und machte sich mit dem Auto seiner Großmutter auf den Weg zu seiner ehemaligen Schule.

Gegen 9:20 Uhr kam Bastian an, zog seine Gasmaske über den Kopf und eröffnet das Feuer. Ohne jeden Skrupel wählte er nicht großartig aus, auf wen er schoss, sondern nahm, was kam. Zu dem warf er einige Rohrbomben. Er ging über den oberen Schulhof. Auf dem Weg zum Eingang erwischte er zwei 12-jährige und einen 13-jährigen Schüler. Vor der Eingangstür der Schule stand sein jüngerer Bruder und fragte ihn, was er machen würde. Bastian antwortete nur: "Dennis, geh nach Hause!" Und ging weiter und betrat das Schulgebäude. Der Hausmeister stellte sich ihm in den Weg, so schoss er ihn an. Sein Oberarmknochen wurde zerschlagen und Eisensplitter bohrten sich in seine Haut. In der Aula schoss er in eine Schülergruppe, die vor dem Aquarium stand und verfehlt diese. Weiter ging er dann ins zweite Stockwerk und schießt einen 12-Jährigen nieder. Ihm kommt eine Gruppe unter Panik stehender Schüler entgegen. Zwei 10 und 13 Jahre alte Mädchen werden dabei verwundet.

Bastian zündet seine letzten Rohrbomben und seine Rauchbomben. 10:11 Uhr trifft das SEK am Einsatzort ein und dringt sofort ins Schulgebäude ein (eine Maßnahme, die nach dem Vorfall am Gutenberg Gymnasium verbessert wurde).

Einige Beamte erleiden schwere Rauchvergiftungen, daher verzögerte sich das Vordringen. Indessen richtet Bastian in seinem ehemaligen Klassenzimmer seine Waffe gegen sich und erschießt sich selbst. Da er sich einige selbstgebaute Sprengzündungen um den

Körper geschnallt hat, dauert es bis ca. 19 Uhr, bis sein lebloser Körper aus der Schule geborgen werden konnte.

Geschwister – Scholl – Schule

Bastians Abschiedsvideo:

"I want to make clear that nobody has a fucking clue about what is going to happen on Monday. This was my plan and my work. I did this alone, completely alone. Since first grade people picked on me and I was a loser. I wanted to have friends, I wanted to have clothes with a brand name on it and big letters but all that fuck changed 2003, 2004 I learned that there is more in life than just consuming fuck like that ... like clothes or ... or ..or ... hip hop music or ... I never listened to hip hop music – don't believe that!

And ... and ... 2003 – 2004 my life changed and ... and I wasn't a human anymore, I was godlike and I began planning this massacre. And I want to kill them all because they ruined my life, because they changed my ... they changed ... the people who are like that who are just ... who are fuck consumers ... that people change how you think. You are alone ... and ... you want to have friends ... and they change completely what ... how you think. The more you are with them, the more you become like them. And I said fuck that, I'm not in this.

I make my thing ... I make the GSS massacre.

Life has been beautiful until I went to school the first time. There are two main reasons for that massacre: First reason – school. Teachers, students... everything in the fucking building.

Second: the politics. I want anarchy. It is the only thing we are really, really free. Nobody has to tell me, nobody has the right to tell me what to do or not to do – it's my life. Not the fucking life of my parents, of fucking fat Angela Merkel or any fucking teacher in the whole fucking world it's my damned life.

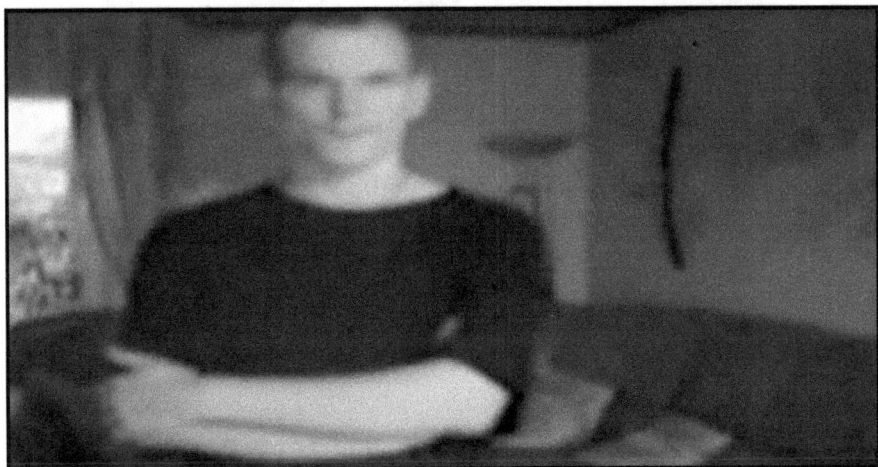

Aus Bastians Abschiedsvideo

Humans are a sickness, this earth is sick. I can't fucking wait until I can fucking shoot every motherfucking last one of you! Fucking damned bitches...
They punched me, they spat on me, they knocked me down and laughed on me and now I'll shoot them - where is the problem? There is no problem. I can shoot wherever I want. It's my life, my gun and I can do with it whatever I want.

73

One time some dude out of my class heated a ... heated a key. He take a lighter and heated it and then the fucking moron just comes to me and pressed it on my ... on my ... on my hand. What the fuck... Every kid in school who is different from the majority is a loner. And why is every kid who is different a loner? Because the fucking media tells the people ... tells the majority of the people what is cool and what is not. So when baggy pants are cool – I bet you can't run in it. But it would be better if you can run on Monday because I gut a gun, I got bombs I got Molotov cocktails – you are in a war. This is war!"

Kapitel 7 Was danach geschah

Wie ich alles mitbekommen habe.

Am Montag Vormittag, dem 20. November 2006 gegen 11 Uhr, schaltete ich den Fernseher ein und diese Nachricht flimmerte über den Bildschirm. Es sei irgendeiner in die Schule gelaufen und hätte einige verwundet. Mein ganzer Körper zitterte, eine schlimme Vorahnung kam in mir hoch, als ich den Namen „Emsdetten" hörte. Ich checkte meine Email und fand eine Nachricht von Bastian. Ein Blick auf das Forum bestätigte meine schlimmsten Befürchtungen. Also tat ich alles erdenkliche, um die Wekillemall Homepage offline zu packen, bevor sich die Medien über uns stürzten.

21. November 2006, Dienstag Abend wurde ich überzeugt zur Polizei zu fahren, um Bastians Videos, Fotos und Tagebücher auszuhändigen. Dies stellte sich als klug heraus, denn wie ich erfuhr, stand die Polizei bereits zu diesem Zeitpunkt vor meiner Haustür und wurde zurückgerufen. Ich wurde über meine Homepage befragt, meinem Kontakt zu Bastian und wie alles zustande kam. Danach wurde ich gebeten, ihnen meine Wohnung zu zeigen, was ich natürlich erlaubte. Dort durfte ich noch einige Fragen zu meinem Musik- und Filmgeschmack beantworten und alles war vorbei... vorerst.

Seit Dienstag Vormittag bekam ich Anfragen von den Medien, diese häuften sich. Da Bastians ein Livejournal unterhielt und mich, sowie zwei andere, in seiner „Friendsliste" hatte, stürzten sich die Leute auf jedes Detail, das man finden konnte. Ich war fertig mit den Nerven. Hinzu kamen noch einige Drohungen... die sogar bei meinem Chef landeten.

23. November 2006, Donnerstag Mittag durfte ich dann noch mal zur Kripo. Meine Begleitung, die ich am Dienstag mit hatte, wurde aufgefordert, ebenfalls zu erscheinen. Er wurde zuerst nach oben geführt. Wie ich später herausfinden sollte, wollten sie herausbekommen, ob ich ein potentieller „Amokläufer" wäre. Nach

einer Weile wurde auch ich hoch gebeten, wo ich noch einmal klarstellte, dass ich kein Wort sage, bevor meine Begleitung nicht auch dabei ist, um als unparteiische Person alles mitzuhören. Außerdem musste ich zustimmen, dass eine Psychologin bei dem Gespräch anwesend ist. Ich sollte wieder einmal erklären, was ich mit Bastian zu tun hatte, woher ich ihn kannte, und was das Konzept meiner Homepage ist. Nachdem ich mehrmals darauf hingewiesen habe, dass ich nicht der Besitzer von Livejournal.com bin, musste ich dann auch noch erläutern, was diese Seite überhaupt ist. Später stellte ich noch einmal klar, dass „Wekillemall" nichts mit dieser Tat zu tun hatte. Ich, sowie alle anderen auf der Seite, versuchen nur, alles zu verstehen und uns Luft zu machen. Mir wurde auch zugesichert, dass ich meine Homepage weiter betreiben darf. Nach über einer Stunde durfte ich gehen und war erleichtert.

Das Internet

Am Tag der Tat, gegen 12 Uhr, wurden die Homepages (www.stay-different.de, www.school-schootings.org und www.taste-sport.de) von Bastian offline gestellt. Viele Foren wurden eröffnet und einige Weblogs berichteten über die Tat. Kurz darauf wurden Beiträge von Bastian aus dem Internet genommen. Seine Profile wurden größtenteils gelöscht, und unzählige Seiten berichteten über die angebliche Zensur der Polizei. Ich hatte diese Prozedur schon unzählige Male mitbekommen und war nicht sonderlich erstaunt über diese Vorgehensweise. Sein Livejournal blieb online, und viele begannen dort Kommentare zu schreiben. Es ist schon fast makaber, da er zu Lebzeiten nie so viele Kommentare erhalten hatte. Spekulationen über mich und meine Homepage wurden laut. Ich hielt mich zurück und versuchte, so lange wie möglich, Ruhe zu bewahren. Gleich am nächsten Tag erschienen Berichte über eine angebliche Ex-Freundin von Bastian in den Medien, die sich vor die Kamera drängte, um der ganzen Bevölkerung unter Tränen zu beichten, dass sie Bastian noch liebe. Was sie allerdings nicht wusste, ist, dass er in den letzten Tagebuchseiten über sie schrieb und sie als eine Möchtegern „Gothic chick" hinstellte, und es eher als Alkoholsünde darlegte:

19. November 2006

„… I never had a girlfriend, i never kissed a girl… but wait, there was this wannbe Gothic chick.. don't like these… but i was drunk, so fuck that…"

"… Ich hatte nie eine Freundinn, ich habe niemals ein Mädchen geküßt… aber halt, da war diese Möchtegern Gothic Tussi … solche mag ich nicht… aber ich war betrunken, also scheiß drauf…"

Zu meinem Erstaunen verbreiteten sich Videos von Bastian sowie die letzten Seiten seines Tagebuches, wahnsinnig schnell. Sein Abschiedsbrief wurde überall gepostet und auseinander genommen. Er wurde für einige zu einem „Helden", und seine Sichtweise wurde populär. Berichte mit Spekulationen wurden laut, warum es eigentlich soweit kommen konnte, und es wurde natürlich nach Schuldigen gesucht. Wie Bastian in seinem Abschiedsbrief schon schrieb, wurden Computerspiele und Gewaltvideo wie üblich beschuldigt. Die Politiker, machten sich wichtig und kamen mit Vorschlägen, Spiele, bei denen man auf Menschen zielt und tötet, in Deutschland verbieten zu lassen. Natürlich wurden Textpassagen, in denen Bastian schrieb, er würde nur sehr selten Computerspiele spielen, geschwärzt und gar nicht erst bekannt. Spekulationen wurden laut, er hätte eine Counterstrike Map von seiner Schule erstellt. Die angebliche Map wurde in jeder Zeitung abgedruckt, obwohl es sehr offensichtlich war, dass es sich weder um Bastians Map, noch um die Geschwister Scholl Schule handelte. Im Internet wurde dies dann korrigiert. In Zeitungen und Nachrichten ging dies aber unter. Es ist wahr, dass Bastian eine Map seiner Schule erstellt hatte, welche „rx_gss" hieß. Er saß ungefähr 4 Monate daran, wobei er öfters mal eine längere Pause eingelegt hatte, um an anderen Maps zu basteln.

Bastians Eltern waren geschockt, und sein Vater musste ins Krankenhaus gebracht werden. In der Zwischenzeit durchsuchte die Polizei ihr Zuhause und stellte Beweismaterial sicher. Zwei Festplatten wurden mitgenommen und alles, was irgendwie verdächtig aussah. In der Garage wurden Sprengsätze aufgefunden. Bastians Freunde erhielten auch Besuch von der Polizei, und einige von ihnen mussten ihre Festplatten ebenfalls abgeben. Während dessen wurde die Stadt nur so von der Presse überflutet, was sehr an die Bilder vom 20. April 1999 in Littleton erinnerte. Kaum einer, der nicht auch seine Meinung zu Bastian verkünden wollte. Dabei war den Reportern nichts zu niveaulos. Hauptsache, sie haben ein Interview und am besten, wenn nicht ein vernünftiger Satz dabei heraus kam. Es war wirklich traurig anzusehen, als die ersten Beiträge zu lesen waren, mit den unzähligen Falschmeldungen und Übertreibungen. Die Zensur, die nach einer Weile einsetzte, war ein Witz! Die erste Zeit wurden alle Fotos, die man fand, unzensiert veröffentlicht, und kurz darauf wurden alle Gesichter unkenntlich gemacht. Kaum eine Nachrichtenagentur konnte sich verkneifen, vom angeblichen Triumph der Polizei zu berichten und Lobeshymnen auf die verbesserte Taktik nach dem Erfurter Schulanschlag zu singen. Wie lächerlich dies in Wahrheit war, wurde natürlich nicht angesprochen. Wenn man das Ganze ein wenig mit Abstand betrachtet, sieht man, dass kurz nachdem die Polizei angerückt war, Bastian sich das Leben nahm. Somit gab es da auch nichts mehr großartig zu verhindern. Er spielte ein letztes Mal mit ihnen, zündete Rauchbomben und hielt die Polizisten damit auf. Als sie es dann schafften, zu ihm vorzudringen, fanden sie seinen leblosen Körper in seinem ehemaligen Klassenzimmer. Bastian wusste, dass die Polizei eine Weile beschäftigt wäre, wenn er sich Bomben um den Körper schnallen würde. Dies hatte er sich wiederum bei Eric und Dylan abgeschaut, die zwar keine Bomben um den Körper trugen, dennoch wurde dies vermutet, und deswegen wurden die Körper eine Weile in Ruhe gelassen. Es sollte bis spät in den Abend, um genau zu sein, bis 19 Uhr, dauern, bis der Leichnam zur Obduktion gebracht werden konnte. Es war sein letzter Streich, den er ihnen spielte.

Nun blieben viele Fragen offen! Woher bezog er die Waffen? Warum ist niemandem aufgefallen, was er vor hatte? Und wer wusste von dem Anschlag? Gab es Anzeichen? Und wenn es diese gab, warum wurden sie übersehen?

Seine Waffen kaufte er sich legal in einem Online Waffen Auktionshaus, sowie die Zündschnüre, die er für die Rohrbomben benötigte. Da diese mittelalterlichen Waffen legal ab 18 erworben werden durften, stellte dies auch kein Problem für ihn dar. Die 3. Waffe kaufte er einem Freund ab, gegen den nun ein Verfahren eingeleitet wurde. Alles andere sammelte er sich jahrelang zusammen.

Warum es niemanden aufgefallen war, ist natürlich nicht so leicht zu beantworten. Er sprach sehr oft darüber, dass er so etwas plant und machte kein Geheimnis daraus. Um so öfter er darüber sprach, umso weniger interessierten sich andere dafür. Sie taten es als Spinnerei ab und lachten insgeheim darüber. Dies wusste er natürlich und machte sich das auch zum Vorteil. Er sprach zwar darüber, dass er dies vorhat aber nie wann!

Details seiner Vorbereitungen wurden auch verschwiegen. Somit glaubte auch keiner, dass er irgendetwas im Schilde führte. Andere wiederum verhielten sich auffälliger, sprachen online über ihre Pläne und posteten Bilder ihrer Waffen. Genau das wurde allen zum Verhängnis! Bastian tat dies nicht, sogar seinem näheren Umfeld, sprich seinen Freunden oder seiner Familie, erzählte er nichts darüber. Alle waren überrascht und geschockt über diese Tat, da sie ihn ja als netten und hilfsbereiten jungen Mann kannten. Später durfte ich einige Worte mit seinem Bruder wechseln und zeigte ihm Bastians altes Tagebuch. Auch wenn schon eine gewisse Zeit vergangen war und Bastian eingeäschert und anonym beigesetzt wurde, konnte er dies noch nicht alles realisieren. Das Tagebuch schockte ihn wirklich sehr. Er konnte einfach nicht glauben, dass Bastian dies wirklich geschrieben hatte. Er kannte ihn so nicht und war über seine Weltanschauung sehr überrascht und bestürzt!

Soweit mir bekannt ist, wusste keiner, wann er seinen Anschlag durchführen wollte. Das hatte auch einen sehr triftigen Grund! Diese Tat hat einzig und allein er zu verantworten. Er wollte, dass jeder wusste, dass er die Person ist, die alles geplant und durchgeführt hat! Zu dem wollte er natürlich niemanden mit in diese Sache hineinziehen. Er wusste, dass jeder in seiner Umgebung beschuldigt werden könnte, etwas gewusst und ihn nicht aufgehalten zu haben. Das wollte er natürlich soweit es ging vermeiden. In seinem Abschiedsvideo nannte er keine Namen und inszenierte alles wie in einem Film. Psychologen analysierten das Video und kamen zu dem Schluss, dass er die englische Sprache wählte, um weltweit erhört zu werden. Wenn irgendeiner von ihnen sich einmal an den Rechner setzen und recherchieren würde, wo er überall mitgewirkt hat, wäre dies natürlich noch logischer geworden. Er war Mitglied in vielen englischsprachigen Foren und engagierte sich auch in den meisten Columbine Communities.

Er war in fast jeder „Columbine Community" aktiv, so ist es auch nicht verwunderlich, dass die meisten ihn sofort wiedererkannt haben.

Die Columbine Szene kann man grob in zwei Gruppen teilen.
1) In jene, die sich mit den Tätern, und den Opfern identifizieren, beziehungsweise die Täter, auch als Opfer sehen. 2) Die sich nur mit den Tätern identifizieren und die Opfer als rechtmäßige „Opfer" ansehen. Die Täter haben eine art Helden Status für sie, oder sind Gottgleich in Ihren Augen.

Die letztere Gruppe ist eine recht aggressive Variante und man könnte diese größtenteils als „potentielle Täter" bezeichnen. Was bei Bastian interessant war, er gehörte zur ersten Kategorie. Zwar sah er Eric und Dylan als „gottgleich" an, dennoch interessierte er sich auch für die Geschichten der Opfer.

Der ganze „Hype" der Reporter hielt nicht einmal einen Monat lang. Viel mehr ging es um eine lächerliche Frage, die von Bastian selbst schon beantwortet wurde. So genannte „Killerspiele" wurden als Hauptursache genommen und weiterhin diskutiert. Doch schon nach Weihnachten waren die Gespräche so gut wie verstummt. Was noch sehr interessant ist, und das lag wahrscheinlich daran, dass Bastian niemanden tödlich verletzte, gab es für ihn mehr Mitleid als Hass. Dennoch wurde kaum was an der Situation dem eigentlichen Problem geändert. Bei einem Schüler, mit dem Bastian sporadisch Kontakt hatte, welcher überwiegend schwarz trug und meist eine Army Hose anhatte, ging die Direktorin gleich auf Nummer sicher und verbreitete mehr Panik, indem sie die Polizei benachrichtigte. Nachdem ihm einige Fragen zu seinem sozialen Umfeld gestellt wurden und ihn zu guter letzt nahegelegt wurde, eine Jeans zu tragen, um weniger aufzufallen, war der Spuk auch schon vorbei. Diese Ignoranz ist wirklich ungeheuerlich. Wenn wir so anfangen, dann werden sich auch in Zukunft solche Taten wiederholen. Wie heißt es in unserem Grundgesetz? „Die Würde des Menschen ist unantastbar." „Jeder hat das Recht auf freie Entfaltung", sowie „das Recht auf freie Meinungsäußerung"... Doch ist dies wirklich der Fall?

Diejenigen, die Bastian unter anderem zu dieser Tat trieben, lernten nichts daraus. Schamlos stellten sie sich in der Öffentlichkeit als unschuldig dar. Doch kurz darauf Berichtete sein Bruder von Drohungen gegen Ihn und seine Freunde, von genau diesen Personen.

Kapitel 8 Die Columbine Erben

Im Grunde ist jeder, der sich mit dem Thema Columbine High School Massaker beschäftigt und einen tieferen Sinn dahinter sieht, ein Columbine Erbe. Angefangen bei den Opfer Familien, die natürlich ihren Kindern gedenken und gegen das Vergessen kämpfen, bis hin zu Menschen wie mir, die sich mit der Tat identifizieren können und einen gewissen Lebensstil damit verbinden. Es geht vor allem auch darum, anderen die Tat ins Gedächtnis zu rufen und zu sagen 'Hey, hört mal, das kann immer wieder passieren, wir müssen endlich was unternehmen und das verhindern'.

Dabei geht es um eine gewaltfreie „RebVodlution". Die meisten müssen aber erst in diese Sichtweise „hineinwachsen". Der anfängliche Tatendrang geht meist in die Richtung, die Eric und Dylan gewählt haben. Zwar wenden sich viele von diesem weg ab. Dennoch bleibt ein beachtlicher teil lange zeit dabei. Einige werden bei ihren Plänen erwischt, wiederum andere schaffen es dann doch und führen die „RebVodlution" in defensiver form fort. Auf diese möchte ich nun ein wenig detaillierter eingehen. Natürlich ist es fast unmöglich, allen eine direkte Verbindung zu Eric und Dylan nachzuweisen. Daher habe ich mich auf einige wenige fixiert, wo ich mir ganz sicher bin.

*29. Jannuar 2001 - **Al DeGuzman** (*23 Oktober 1981 +4. August 2004)*

Al DeGuzman wurde, bevor er die Möglichkeit überhaupt hatte, eine Tat an dem De Anza Collage zu begehen, aufgehalten. Als er Fotos von seinen Waffen und Bomben entwickeln lies und diese am nächsten Tag abholen wollte, alarmierte eine Mitarbeiterin die Polizei, die sofort reagierte. Die Fotos nannte er selber einen Hilferuf, da er jahrelang unter starken Depressionen litt und keinen Ausweg mehr sah. Al war ein sehr intelligenter

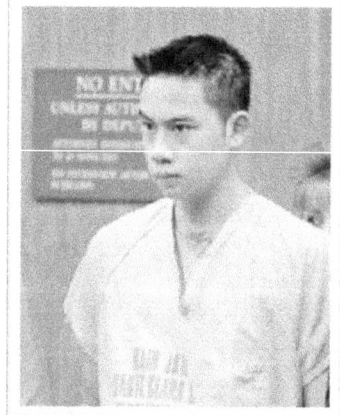

AP

und Kreativer Mensch, wurde als schüchtern und still beschrieben. Er bekam 80 Jahre, doch wegen guter Führung sollte seine Haft verkürzt werden. Er war mitunter einer der ersten der „Eric Harris is God" in der „Columbine Szene" etablierte.

04. August 2004 fand man Al Deguzman in seiner Zelle, in der er sich selbst erhängt hatte.

05. März 2001 - **Charles Andrew Williams** (*08. Februar 1986)

Charles Andrew Williams, wurde nicht nur von seinen Klassenkameraden gemobbt, sondern auch von seinen so genannten „Freunden", die zu den Skatern zählten. Er kündigte eine Woche vor seiner Tat an, er habe eine Columbine ähnliche Tat vor, doch keiner nahm ihn ernst. Als er dann bewaffnet in die Santana High School lief, tat er so, als wäre es nur ein Witz, bis er dann das Feuer eröffnete.

2 Tote
13 Verletzte

Er wurde verhaftet und muss 50 Jahre absitzen.

13. Januar 2004 – **Christopher Levins** (17) **Adam Sinclair** (19)

Christopher Levins und Adam Sinclair planten einen Anschlag auf die Dutchtown School und wurden vorzeitig aufgegriffen. Auf dem Revier bestritten dies beide und taten dies als „Witz" und reine Fantasie ab. Später wurden detaillierte Pläne gefunden. Sie hatten geplant

Levins   Sinclair

um 4:20 Uhr am Morgen des 20. April 2004 aufzustehen, um sich für Ihren Anschlag vorzubereiten. Die Uhrzeit ist eine Anspielung auf den 20. April, welche in der amerikanischen Schreibweise „04-20-2004" geschrieben wird. Durch einen anonymen Anruf flog Ihre Tat auf.

Beide wurden verhaftet.

21. März 2006 - *Jeffrey Weise* (*08. August 1988 +21.März 2006)

Jeffrey Weise war im Gegensatz zu seinen Vorgängern sehr im Internet vertreten. Er führte, wie auch Bastian B., ein Livejournal Tagebuch und postete viele Beiträge in Foren. Er war nicht nur sehr auf Eric und Dylan fixiert, sondern auch ein bekennender Nationalist. Bevor er sich zur Schule aufmachte, töte er seinen Großvater und deren Lebensgefährtin. In der Red Lake High School tötete er 7 Mitschüler und verletzte 7.

9 Tote
7 Verletzte

Er richte die Waffe gegen sich und starb an Ort und Stelle.

01. September 2006 - *Alvaro Castillo*

Alvero Castillo behandelte jeden mit Respekt, lies sich nie etwas zu schulden kommen und wurde dafür bestraft. Von Mitschülern gehänselt und vom Vater geschlagen lebe er sein leben. Auch er war ein großer Eric und Dylan Anhänger und bereitete seine Tat gründlich vor. Er hinterließ Videos und einen Abschiedsbrief, in dem er seine Tat zu erläutern versucht. Seine

Videos schickte er direkt an die Presse, um vorzubeugen, dass sie, wie bei Eric und Dylan, für immer unter Verschluss blieben. Zu dem rief er auf, das Columbine High School Massaker nicht zu vergessen! Er erschoss Seinen Vater und ging danach zur Orange High School und verletzte 2 Schüler. Bei seiner Verhaftung schrie er „Columbine! Remember Columbine! Eric Harris, Dylan Klebold! Nathan Leopold, it's his birthday! Sacrifice!"

1 Toter
2 Verletzte

Er wurde verhaftet.

13. September 2006 - Kimveer Gill *(*09. Juli 1981 + 13. September 2006)*

Kimveer Gill war ein ruhiger Zeitgenosse. Er wurde meist alleine gesehen und grüße niemanden. Er trug überwiegend schwarz und einen langen Ledermantel.

Er hatte ein Fable für Waffen und beschäftigte sich mit dem Columbine high School Massaker. Eric und Dylan nannte er in seinem Profil „Modern Day Saints". Er töte auf dem Dawson Collage eine Person und verwundete 19 Menschen. Einer der verwundeten gründete eine Internet Seite die solche Anschläge verhindern soll, mit dem Namen „Kill off this thinking".

1 Toter
19 Verletzte

Kimveer Gill richtete seine Waffe gegen sich und starb noch an Ort und Stelle.

15. September 2006 – **William C. Cornell (17) Shawn R. Sturtz (17)**

William Cornell und Shawn Sturtz wurden von ihren Mitschülern wegen ihres Übergeweichtes gehänselt. Sturtz gab sogar an, Angst zu haben, zur Schule zu gehen. Ihr Plan flog auf, da er Online über sein vorhaben sprach. Die Tat hatten die beiden über einige Jahre geplant und es wurden 9 Schusswaffen gefunden, 20 Rohrbomben und hunderte Munitionen.

William Cornell   Shawn Sturtz

AP

Beide wurden Verhaftet

Sie sind Opfer unserer Gesellschaft, jeder Tote ist auch ein Opfer unserer Gesellschaft! Sie sind die Columbine Erben. Doch ohne uns gäbe es sie nicht. Ich möchte erneut darauf hinweisen, dass nicht jeder mit dem Interesse an dem Columbine High School Massaker auch ein potentieller Täter ist! Die anderen leisten oft wertvolle Präventionsarbeit in diesem Bereich. Leider kann ich nicht alle hier auflisten, dafür müsste man ein ganzes Buch verfassen. Jemand, den ich aber an dieser Stelle erwähnen muss, ist Calence Ethan Cambry, der Webmaster unter anderem von dylanklebold.com. Mit viel Mühe versucht er ein wenig Ordnung in die ganzen veröffentlichten Dokumente zu bringen. Er ist einer der wenigen, die von Anfang an standhaft dabei sind und alles hinterfragen, was es zu hinterfragen gibt. Auch wenn ihm oft Steine in den Weg gelegt wurden, rappelte er sich immer wieder aufs neue auf und machte weiter. Vieles, was ermöglicht wurde, ist ihm zu verdanken.

Die Medien, die nach dem Anschlag an der Columbine High School, unter anderem Randy Brown, Tom Mauser und Darrell Scott in ihrem Kampf gegen das Vergessen unterstützten, darf man auch nicht vergessen. Manchmal ist die Presse doch zu gebrauchen. Es wäre sonst kaum möglich gewesen, an Informationen, die mittlerweile ans Licht gekommen sind, zu kommen.

Ich hoffe, ich konnte einen Einblick in ein sehr großes Netzwerk geben, das vielen meist verborgen bleibt. Wir sind überall! In jeder Stadt, auf jedem Kontinent dieser Erde. Wir sind farbenblind. Das Alter hat keine Bedeutung für uns, und wir werden jeden Tag mehr!

Gegen das Vergessen und für mehr offene Augen!

Kapitel 9 *Was muss sich ändern?*

Wie kann man so etwas verhindern? Im Grunde müssen wir als Gesellschaft uns verändern. Kinder, die heutzutage aufwachsen, wachsen in dem Bewusstsein auf, keine Garantie darauf zu haben, dass sie nach der Schule eine Ausbildung bekommen. Von einem sicheren Arbeitsplatz ganz zu schweigen. Zukunftsangst, gepaart mit der Angst zu versagen, sind nicht ungewöhnlich. Der alltägliche Stress in den Schulen mit den Mitschülern kommt noch hinzu. Die Jugend wächst in dem Bewusstsein auf, dass ein Menschenleben weniger Wert ist, als ein Mp3 Player. Dass dies nicht ohne Konsequenzen bleibt, steht außer Frage. Der krankhafte Wahn nach den neuesten Handys, Mp3 Playern und sonstigen Prestigeartikeln ist nun eine Art Lebensstil geworden. Wer hat die teuersten Klamotten, die teuerste Uhr und die neuesten Hip Hop Lieder. Die Medien, die all das noch fördern und zu dem Marihuana als keine richtige Droge, sondern eher als Alternative zum Alkohol feiern, sind ebenso Schuld an diesem Zustand. Diese Schuld möchten sie natürlich nicht auf sich nehmen, denn sie wollen ja nur ihre Produkte verkaufen! Die Gewalt und Drogensucht wird daher weiter „gefördert", die „Konsumgeilheit" weiter gepuscht. Wer da nicht mitmacht, gehört nicht dazu und wird von der Gesellschaft ausgestoßen.

Unliebsames wird einfach verschwiegen oder verändert, und so verschwanden mal eben ganze Sätze aus dem Abschiedsbrief von Bastian aus denen solches hervorgeht.

„Ich erkannte das die Welt wie sie mir erschien nicht existiert, das sie eine Illusion war, die hauptsächlich von den Medien erzeugt wurde."

Wir versuchen unseren Kindern so viel, wie es geht, zu ermöglichen, haben mehrere Jobs, um bei einem gewissen Standart mithalten zu können. Damit es wenigstens eine Chance hat, in der Gesellschaft „mitspielen" zu dürfen. Doch was ist dann mit denen, die sich so gerade über Wasser halten? Wenn man in einer Familie aufwächst, in der kaum Geld zum Leben bleibt. Wie soll man sich dann teure Uhren,

Handys und Markenkleidung leisten, um in der Gesellschaft als „vollwertiges" Mitglied angenommen zu werden? Der Staat, der überall Hilfe kürzt und dann auch noch mehr Geld für die Bildung verlangt; also die einzige Möglichkeit, im Leben noch etwas zu erreichen, ist auch keine Hilfe mehr. Wir dürfen uns dann nicht wundern, dass die Pisa Studie nicht gut ausfällt, es immer weniger Studenten gibt und die Gewallt an Schulen mehr und mehr zunimmt.

Kinder, die aus sozial schwachen Familien kommen und von ihrem Elternhaus nicht einmal mehr den Umgang miteinander lernen können, sollten dennoch die Möglichkeit erhalten, etwas aus sich zu machen. Unser Land braucht eine größere soziale Stabilität. Und damit meine ich nicht mehr Arbeitslosengeld! Deutschland muss lernen, dass jeder auch noch einen Nachbarn hat, sowie grundlegendes Verhalten und Respekt vor dem Anderen und dem Eigentum derer! Statt jeden Morgen Klingeltöne, Videos und Bilder zu tauschen, sollten unseren Kindern mehr Aktivitäten angeboten werden. Es muss ein breites Angebot für außerschulische Aktivitäten her. Jugendlichen muss eine Vielfalt von Aktivitäten angeboten werden, in denen sie miteinander spielen, lernen und arbeiten können. Wer seine sozialen Fertigkeiten nicht lernen und trainieren kann, wird diese auch nicht einsetzten können. Statt sich darum zu kümmern, irgendwelche Spotveranstaltungen für die Welt zu veranstalten, deren einziger Nutzen darin besteht, möglichst viel Profit daraus zu ziehen, sollte mehr Interesse daran bestehen, die sozialen Eigenschaften der Schüler zu fördern. Es muss sich etwas Grundlegendes an unserem Schulsystem ändern. Damit ist nicht nur gemeint, dass man den ganzen Markenwahn in der Schule mit Uniformen löst! Ein Verbot für Mobiltelefone in Klassenräumen, sowie Pausenräumen würde sich schon sehr positiv auf den Umgang in der Schule auswirken. Das ist nicht viel aber schon ein großer Teil, der dazu beitragen würde, dass Schüler ein besseres Lernumfeld erhalten. Vielleicht kann man schon mit diesem verbesserten Umfeld verhindern, dass Menschen wie Bastian B. keinen Sinn mehr in ihrem Leben sehen.

Nach einem Monat sind so „kleine Irre", die in irgendeine Schule gerannt sind, vergessen. Es wird nicht mehr darüber diskutiert, warum all dies geschehen musste. Ein junges Leben wurde ausgelöscht. Nicht von heut auf morgen, sondern langsam Jahr um Jahr. Wie können wir jeden Tag in den Spiegel schauen, ohne uns nicht vorzuwerfen, dass wir nichts dagegen tun? Im Gegenteil, wir fördern so etwas auch noch. Es dominieren Fernsehsendungen, in denen ausgewachsene Menschen, ungebildet und talentfrei, von den Medien so hoch gepuscht werden, dass aus „Scheisse" Gold wird. Statt sich an den Kopf zu fassen und zu fragen, was mit uns los ist, nehmen wir es nicht nur hin, nein, wir begeistern uns dafür und kaufen sogar die dazu gehörenden Produkte.

Statt selber 30 Minuten vor dem Topf zu stehen, schieben wir lieber eine Pizza in den Ofen, die angeblich billiger ist. „Fast Food" für den Magen und dann vor den Fernseher. Kindern setzen wir dann dieses Dosenfutter vor und reden uns ein, dass diese Portion angeblich den Tagesbedarf deckt und es bestimmt auch gesund ist. Um die kleinen dann noch bei Laune zu halten, bekommen sie nach dem essen eine Tafel Schokolade, um sie dann vor den Fernseher zu setzen, weil man selbst zu müde ist, um sich mit ihnen zu beschäftigen. Und sie dann immer dicker oder dünner werden, weil sie, statt Liebe zu erhalten, mit Geld, Fernsehen oder Essen abgespeist wurden. Spätestens dann dürfen wir uns nicht wundern, wenn sie sich in ihre kleine Welt zurückziehen, niemanden an sich heran lassen und zum „Sonderling" werden. Ein Problemkind, das von seiner Umgebung erschaffen wurde, dessen Probleme, sein Hass und seine Wut, größer und größer werden, bis sie dann irgendwann überhand nehmen und das ganze Leben bestimmen.

Menschen, die ausgestoßen werden, vor allem schon in jungen Jahren, für die ist es besonders schlimm, wenn jeder Versuch, Anschluss an die Masse zu bekommen, scheitert. Doch dies ist vorerst irrelevant, bis dann irgendwann etwas passiert und Fragen aufkommen, warum jemand so etwas tun konnte. Obwohl wir ganz genau wissen, wo das Problem liegt.

Wen wundert es dann noch, dass, statt Bravo Postern, nun Fotos von Massenmördern an den Wänden unserer Kinder hängen.

Eric Harris und Dylan Klebold, im wahrsten Sinne des Wortes die „Shooting Stars" dieser neuen „Szene", werden in den letzten Jahren immer populärer. Die Zahl ihrer Anhänger wächst stetig! In den letzten Jahren ist mir aufgefallen, dass nach jedem Anschlag, der an einer Schule stattgefunden hat, immer mehr Jugendliche sich für dieses Thema interessierten. Dies hat sicherlich auch damit zu tun, dass wir nun zu erschwinglichen Preisen Computer und Internetanschlüsse bekommen, somit auch einfacher an derartige Informationen kommen können. Dennoch glaube ich eher, dass die Verzweiflung und Gewaltbereitschaft sich um einiges gesteigert hat. Ich möchte jetzt nicht sagen, dass jeder, der sich mit dem Thema „Columbine" oder allgemein „School Shooting" beschäftigt, ein potentieller Attentäter ist. Es soll mehr verdeutlichen, dass die Verzweiflung und der Hass von Minderheiten stetig ansteigen und nichts dagegen getan wird, um zu helfen. Ich möchte dem Schulwesen nicht vorwerfen, dass sie tatenlos bleiben. Natürlich tun sie was. Spätestens nach dem Anschlag am Gutenberg Gymnasium in Erfurt wird jeder etwas auffällige Schüler mit Vorliebe für Computerspiele und Metal Musik „eingesammelt" und regelrecht verhört. Statt sich einmal anzuschauen, was heutzutage in den Köpfen der „populären" Schüler los ist, wird sich auf die Minderzahl gestürzt. Doch sind es nicht die angeblich „normalen" und „unauffälligen" Schüler, die anderen Schülern täglich auf ein Neues das Leben schwer machen? Gemessen daran, wie viele Seelen fast täglich auf dem Schulhof grausam geschädigt und „vergewaltigt" werden, ist einmal im Jahr ein Anschlag auf eine Schule noch ein Witz!

In einer Zeit, wo das Internet, das Mobiltelefon, das Fernsehen und der Mp3 Player den persönlichen Kontakt zu realen Personen ersetzen, in der junge Menschen den Respekt voreinander nicht lernen, wird sich nichts ändern!

Falls sich nichts ändert, bleibt nur noch abzuwarten, bis es das nächste Mal passiert...

-Anhang -
Bastians Tagebücher

23.10.2004 - 1.04 Uhr - Freitag
Ich werd mir morgen oder so mal ein vernünftig
Buch oder ne Mappe auch offen für die Pläne.
Frau Hüllen... was ist das bloß für eine dreck
Mistgeburt... Hier mal ein paar Zitate:
"...du bist ein Rebell, bohah!"
"...mach dich doch nicht lächerlich..."
"...du musst nich immer wein endass alles scheiße ist...!

ICH TÖTE DICH
DU
MISTGEBURT
Ich ZERFETZE DIR DEINE
ScHEISS VISAGE UND SPUCK.
AUF DEIN ZERMATSCHTES
MADEnZERFRESSENES
HIRN

16.12.2004 - 20.36 Uhr - Dienstag
IN EURE BLUTLACHEN WERDE
ICH MEINEN NAMEN SCHREIBEN

08.01.2005 -02.44 Uhr - Samstag
   ! Happy new year you fuckin' people !

I have bought damn much fire vorks !!! Last week
I made "RX-3" once again, I made it out of circa 40
'Super Böller B'!!! Next week I'm going to start "Project
RX-4 and RX-5! 'RX-5' will be my fucking
biggest bomb. Then I need flambe liquid...
NAPALM! How to made Napalm:... Soviel
Styropor in Benzin auflösen wie möglich, bis ein
Brei entsteht..."
www.stay-different.de will get a new Layout soon!

I hate you people making fun of me!
I hate you people thinking they are better than me!
I hate you people not accepting me!
I hate you teachers not beliving in me!
I hate you girls fucking some fat rich gas!
I hate you politicans making ballshit on and on!
I hate my english...

I HATE EVERYBODY

I LOVE NADINE

In two days school starts again... ballshit!!!

20.06.2006 -23.47 Uhr - Donnerstag

VIVA Reb and VoDKa!!

Heute vor 7 Jahren haben zwei Menschen
das getan, was mich heute noch aufrecht
gehen lässt!! Reb und Vod haben gezeigt wie
man dieser verdammten Jocks die Scheiße
zurückzahlt!!

Ich denke nicht, dass es am 18.05.2006 zum Angriff auf die GSS
kommt. Ich kann viel mehr zerstören wenn ich noch eine Zeit lang
plane und sammle.

30.07.2005 – Sonntag – 18.36 Uhr

Life sucks!

Warum müssen alle Menschen so unglaublich dämlich sein? Alles dreht sich nur noch ums scheiß Geld!!! Der Staat, die Regierung zieht einem das Geld ab wo sie nur kann... immer schön auf die kleinen Leute, und ja nicht auf die Idee kommen, mal die Ronzen im Auge zu behalten. I WILL KILL YOU

Ich freue mich auf den Tage an dem ich allen zeigen werde wer ich bin! Ich werde mit einem grinsen im Gesicht, das durch zufriedenheit zustande kommt, durch die Schule laufen und den Menschlichen Abschaum wieder schmettern. Zur Abwechslung lachen dann nicht Nele, Maren und Phyllis über mich, sondern ich über sie!!! „Ist schwarz deine Lieblingsfarbe?" „guck mal wie der da steht, wie der aussieht, wie der guckt..." Maren ist eine der Schlimmsten, mit ihr werde ich noch eine menge spass haben, vllt. erst in die Füsse schiessen, dann durch den von Splittern bedeckten Flur kriechen lassen, und dann endlich ein ORX-3 in die Fresse stopfen!

Vielleicht wäre es besser eine Liste mit Leuten zu führen, die am Leben bleiben dürfen, anstatt eine Liste mit Leuten die verrecken sollen. So spare ich mir eine Menge Arbeit, und verallen Tint...

Ich brauche noch Waffen, am besten irgendne kleine, ein Luftgewehr und eine 6mm habe ich fast sicher, dann noch Bomben und MG's.

Die Sonne brennt mir im Gesicht,
die Leute, sie akzeptieren mich nicht.
Der Wind, er schlägt mich
peitscht mich aus,
ich will aus dieser Hölle raus!
Lehrer, Schüler
alle Leute,
werden bald zu meiner Beute!
Bewaffnet werd ich sein, von Kopf bis Fuß,
dann ist mit dieser Scheiße Schluß
Ich werd mich rächen, werd euch töten,
das war es dann mit meinen Nöten,
Zum Schluss sei dann mal noch gesagt:
Eure Mittel ham' versagt!

08.02.2005, 22.09 – Donnerstag
Ich brauch mehr WAFFEN! Mit dem was ich habe
kann ich in nem Kinderkrankenhaus Amok laufen, aber
nicht in einer Schule.
Hier mal ein paar Beispiele von dem Scheiss den ich
mir jeden Tag anhören darf:
Maria: Ey Netty, mit Bastian kann man bestimmt lange
          Gespräche führn ahaha!
Maria: Achtung Netty, der redet nicht!
Maria: Der sagt nichts, der hat seine Freunde nicht hier.
Maria: Solln wir 'Lass i blasi' holen?
HA, HA seid ihr lustig! STIRB MARIA!!!
Keller hat meine Nör-Arbeit unterschrieben, schreib
morgen was dazu.

08.03.2005 – 27.09" Dienstag

Massen von Menschen... Massen von Schülern die ziellos
durch das Schulgebäude hetzen. Wenn ich diese Bilder sehe,
und danach ihre toten Körper auf dem Boden, meinen Namen in
ihre Blutlachen geschrieben, und den Gedanken im Kopf, das
meine Feinde schreiend und mit Todesangst im Gesicht
vor mir, einem "Versager" geflohen sind, dann wird mein Durst
gelöscht sein, dann werde ich zufrieden schlafen, für immer!
Ich sehne mich nach dem Tage, dem Tage an dem ich Nadine sage
was ich für sie empfinde, ihre Reaktion und ich Leben in den
Augen.
Heute ist Dienstag, heute in einigen Wochen ist ein weiterer
Tag des Grauens in der Geschichte der Menschheit. Mein Foto
wird durch sämtliche Sender flimmern, und irgendwelche
"Experten" werden lauthals verkünden, dass Computerspiele
und Gewaltfilme diese Tat hervorgerufen haben, niemand
wird auch nur einen Gedanken daran verschwenden, das es ja
sein könnte, dass der Täter nie ernst genommen wurde,
und das man ihm seinen Namen genommen hat. Man nahm
ihm seinen Namen nannte ihn den 'Matrix Mann' oder 'GSS-N...
oder auch den 'Psycho'. Niemand wird auch nur einen
Gedanken daran verschwenden, das sich ein verzweifeltes
Kind seinen Namen zurückholen wollte.

BASTIAN BOSSE

01.04.2005 - 00.10 Uhr - Freitag
Ich töte die Menschen doch nicht!
APRIL, APRIL! HAHAHA!!!
Ich hasse euch, ich hasse eure Eltern und Freunde!
___

Ich glaube mit meinem Herz stimmt was nicht... gerade
eben tat es schweine weh, und abend zu hab ich Herz-
stiche. Dann ist meine Haut heute voll an gerastet,
mit irgendwelchen komischen Pickeln... KA!
Letzte Tage habe ich gehört das Holländer den Campingplatz übernommen haben, und stelle Bäume gefällt haben,
ausserdem haben sie vor ein Hallenbad zu bauen.
Wenn das stimmt töte ich auch diese Leute!!!
Ein Hallenbad... das ich nicht Lache! Die
zerstören die komplette Natur, alles, wofür "Wilsum"
stand!

10 TOTE MÄNNER SOLA!!!

03.06.2005 - 27.33 Uhr - Sonntag
Der heutige Tag tat mir gut. Ich war mit meiner
Familie in Wilsum, es war schön mit meiner Familie
über den Campingplatz zu laufen.
Doch dieser Idiot von Holländer fängt an alles umzu-
krämpeln, das ist ne riesige Baustelle da. Arschloch.
Tag waren wir bei Hoffmann, gehen. Fike diese
Scheiss Fehlgeburt saß mit Nadine im Arm
mir gegenüber. Damit hat er sich eine Kugel
in den Kopf verdient. Und Alex, diese Mistgeburt, kann
haben das er nur bei Ben von Schussen ist?
auf der Rückbahn, ich geh hin, will

10.06.2005 – 00.06 Uhr – Samstag
Seit 6 Minuten ist Erics 24ter Geburtstag vorbei.
Nochmal ALLES GUTE ERIC, UND GRÜßEN
DYLAN!!! Habe nicht großartig gefeiert, war aufm Friedhof,
hab alles gute gewünscht. Dann zu Aral und ein Bier auf ihn
getrunken. Seifenninder hat eine Waffe, ich hoffe er verkauft
das Teil.

19.04.2005 – 22.03 Uhr – Dienstag
Morgen ist Columbine!!! Hoffe es passiert was in Littleton!
Heute sind wir zur Ausbildungsbörse gefahren, und wer steht da rot?
Dirk Hartmann, Fabian Tillack, Sebastian Janßen und was weiß ich wer nicht
alles... Ich fahr da vorbei, erstmal nach K+K und ich bekomme über
den ganzen Platz zugerufen: Bosse du Hurensohn!" – Morgen mehr –
Ist mir klar geworden, dass ich das ganze Pack vernichten
muss!!! Es ist wohl meine Bestimmung...mein Schicksal!

20.04.2005 - 21.43 Uhr - Samstag

Gestern Geburtstag. Ich war fest soweit, das ich Nadine alles sage, was mit mir los ist, was ich vorhabe und warum das sein soll. Dann wurden die 3 abgeholt und ich hatte keine Gelegenheit mehr es ihr zu sagen. Sonst wüsste sie jetzt alles. Vielleicht ist es besser so, denn das würde die Mission nur gefährden ... Lars saß auf der Strasse, auf dem Bordstein, er hatte Nadine im Arm. Ich fühlte Hass, Schmerz, Wut und Mordlust! Diese Gefühle habe ich später noch mit lauter Musik und Alkohol verdrängt. **WRATH**

...

Letzte Woche in einer SOW Stunde hatten wir Vertretung bei TN, und haben einen Film geguckt. Es ging um Jugend Kriminalität. Eine Szene war folgender maßen: Oh... vergessen... egal, jedenfalls tauchte das Wort "Kiffen" auf und im selben Moment drehte diese Geldhans sich zu Marco schmid um... mit einem breiten Grinsen auf der Fresse. Am liebsten wäre ich aufgestanden und hätte sie niedergestreckt, diese Rasse von Volksverblödern.

ICH BIN DER HASS IN PERSON

Ich habe immer noch keine Großkaliber, werde mich mal so langsam ins Zeug legen. Schulisch wie auch Waffen technisch.

...

Gestern sagte Julian (trunken) zu mir so nas wie: Bastian, du bist vielleicht anders als wir, kleidest dich anders und so, aber du bist voll korrekt!!"

...

An die Menschheit: Mein ~~Herz~~ Verlauf in eurem Munde.

BANG!

02.05.2005 - 13.58 Uhr - Montag

Gestern ersten Maigefeiert, bei Heitmann. Meine Fresse
Was für ein Tag.
Zuerst haben wir alles aufgebaut, unten auf der Kuhwiese. Später
kamen dann Tini, Nathalie und Nadine. Irgendwie lag ich auf ein-
und auf dem Bank, und konnte soga wie nichts mehr. Irgendwer,
ich vermute mal Alex, hat mich dann da runter gestoßen und dann
haben wir welche Bier über meinen Kopf und meinen Körper gekippt.
Ich blieb zunächst liegen, mit dem Gedanken dass die jeden Moment
aufhören ... Fehler! Jedenfalls war es dann irgendwann zu
viel, bin aufgestanden und nach den auf die Straße gegangen,
Später war ich im ex-Trainingswald, dann kamen Nathalie
und Christin hinterher, ich war ster ... bin in den Hochsitz gegangen,
eine Flasche Wildbrinck Joshi in der Hand. Die beiden haben
sich ein paar mal ... ausgetauscht, ich forderte sie öfters auf zu gehen.
Als sie später weg waren bin ich Idiot aus m Hochsitz gesprungen,
in ein Brennesselbeet. Mein Rücken und meine Arme schmerzten,
dann habe ich irgendwelche Lieder gesungen, und den Schmerz unterdrückt. Nach einer Weile bin ich zurück durch den Wald in den
Container ... Nadine muss mich gesehen haben, denn sie kam hinterher.
Ich war froh dass ich mit ihr alleine war, sie redete die ganze Zeit auf
mich ein, streichelte meinen Bauch und wartete darauf das ich was sage ...
und was wach ich? Ich sage ihr sie solle aufhören weil ich in dieser Bude
zu viel schwitze ... sie meinte darauf, dass dies egal sei. Sie ging raus, ich
versprach das ich nachkomme, tat ich aber nicht. Ich wartete kurz, dann
ging ich auf die Treppe, guckle kurz auf die Wand vom Treppenstall und
rannte los! Auf die Wand zu, viel anschließend um. Ein paar
kamen angerannt, Lars war als erster da, ich fragte ob ich tot sei.
Ich kann jetzt nicht sagen was ich mir dabei gedacht habe ... All
hätte ich nicht so viel roten trinken solen. Ich habe mir am

11.05.2005 – 22.23 Uhr – Mittwoch
JA! Warscheinlich habe ich bald 2 Waffen, naja, besser gesagt eine; Einen 6mm Einzellader und einen Umarex Python Schreckschuss, wenn ich da Koffer patronen reinhauen kann ich ihn wohl gebrauchen! Der Scheiss ist nur, das ich dann noch eine gescheite 9mm Handwaffe brauche. Mal gucken was ich die klauen kann.

13.05.2005 – 12.28 Uhr – Freitag
Mir ist heute eingefallen, was mir schon vor einem Jahr hätte einfallen müssen... DAS GAS DER SCHULE!!!
Warum soll ich Gasflaschen mitbringen, wenn ich doch ganze Räume voll Gas haben kann?
Das ganze wird so ablaufen, dass ich den Feind in die vergasten Räume einschliesse... und ... BOOM!!!

01.11.2005 – 21.34 – Dienstag
Es ist viel passiert, es hat sich einiges geändert, aber ich habe nichts geschrieben, ich denke ich bin einfach nicht dazu gekommen. Vor kurzem war ich mit Sv und später mit Heitmann Bomben testen; ICH HAB's ENDLICH! Ich habe jetzt die Bomben die ich brauche, ich weiss wie ich das baue was meine Feinde in die Ewigkeit reisst. Es ist nicht leicht jeden Tag an seinen eigenen Kopfschuss zu denken, weil ich Familie habe. Aber es ist alles leichter als jeden Tag daran zu denken wie ich mich nie mehr vor die Tür traue, weil ich Angst habe vor diese extremen

Angst zuständel zu erfahren Mann... das ist doch einfach verrückt,
ich bin in der Lage eine Stresserei zu meistern, aber wenn ich einen
von den Arschlöchern sehe bin ich wie gelähmt. ... Ich laufe die Straße
entlang und sehe welche von der Sorte, Jugendlich, HipHop, FEINDE,
und ich bekomme Wahnsinnige Angst, ich kann mich nicht mehr
richtig bewegen und mir bleibt ansatzweise die Luft weg, meine
Beine beginnen zu zittern und ich hätte es nicht geschafft davon
zu laufen, weil ich nicht einen Fuß vor den anderen setzen
kann. Wenn sie einen dann anpöbeln kann ich nicht klar denken,
es kommt keine, oder eine sinnlose Antwort. Und ab seit dem 7.
Schuljahr. Fing eigentlich diese Angst erst in 7. Schuljahr an?
Fing sie an als mich ein minderwertiges Lebewesen einen Hurensohn nannte, ich mich unter einer Treppe versteckte, und dieses Objekt mich dann im Schulgebäude suchte? Ich hatte Angst,
saß da unter der Treppe, und als ich nach einiger Zeit
von 2 Mädchen gefunden wurde sagte ich dass ich geschlafen
hatte. Es ist alles nur noch Schlimmer geworden. Daraufhin habe
ich Tage lang die Schule geschwänzt, weil ich wusste man würde
wieder auf mich warten. Als ich dann mit der Sprache rausgerückt
bin, sind wir zu den Lehrern gegangen, meine Eltern und ich. Ich
habe alles erzählt, und man hat mir gesagt das man darauf achten
werde das diese Schüler nicht mehr auf das Schulgelände kommen,
weil die vom Findlichen Bekästerungslager Marienschule kommen.
Auch hat man mir gesagt das ich wenn es wieder Probleme gäbe
ich es erzählen soll... Soll ich das auch noch mit 60 machen?
Von meinem Stressleben erzählen? So ein Leben will ich nicht
leben! Mein Leben war perfekt, bis ich 6 Jahre alt war. Andere
Leute haben immer wieder ihre Erfolgserlebnisse. Ich habe
meine Erfolgserlebnisse nicht in der Schule, ich habe sie nicht
in der Familie, nein, ~~sondern~~ ich spüre Erfolg wenn eine Test-

bombe so explodiert wie ich es wollte, wenn sich wieder ein Mensch mehr fragt was ich für ein Mensch bin, oder wenn ich in DOOM eine gute Serie hatte. Dabei fällt mir ein, denkt bloss nicht ich spiele DOOM weil Reb und Vod es gespielt haben! Durch columbine habe ich zwar von DOOM erfahren, aber, spiele tu ich es weil mein PC so langsam ist, CS läuft nicht richtig, da reicht gerade mal zum mappen.

07.11.2005 - 22.10 Uhr - Montag
Morgen werde ich warscheinlich das erste Soziogramm erstellen. Ich will herausfinden wen ich auf jeden fall umbringen muss, damit möglichst viele psychische Schäden erleiden.
In den vergangenen Wochen habe ich mir einen neuen, besseren Plan überlegt, eine detaillierte Auflistung wird noch erstellt, aber das wichtigste ist doch das ich diesen Wahnsinn erst im Kopf habe.
Ich denke oft daran das es 2 Sorten von Menschlichem Gedankengut gibt, was das Leben angeht, das ist schwer zu erklären, vorallem in schriftlicher Form. Die einen sehen es so; Sie kommen auf die Welt, und leben, sie lernen dies und kaufen das. Tuen dies und sagen jenes. Für sie ist einfach alles normal, es gibt Häuser die man baut um drin zu wohnen, Schuhe die man kaufen kann um schön auszusehn. Die andere Seite aber, zu der ich mich zähle, macht sich bewusst was Leben eigentlich bedeutet. "Menschen sind auch nur Tiere, zivilisierte Tiere." Schuhe sind nur ein Produkt aus irgendwelchen Materialien. In ferner Zukunft wird man über unsere Schuhe lachen, genauso wie wir heute über Schuhe aus Holz und Leder aus früheren Zeiten lachen. Ich finde das die Menschen glauben sie seien sooo weit entwickelt, die

Wahrheit jedoch ist, das die Menschen nur ein dummer Haufen
Fleisch sind, der ohne Technik jämmerlich zu Grunde gehen würde,
weil er abhängig ist.
Hmmm... scheisse... was würde wohl passieren wenn jemand meine
Aufzeichnungen vor dem grossen Tag finden würde? Ah glaube ich alles gar
nicht wissen.

12.11.2005 - 22.17Uhr, - Samstag
Die Menschheit ist ihr grösster Feind! Die Menschen zerstören sich
und ihre Welt selber, sind aber verdammt nochmal zu scheisse um
das zu merken, sie suchen ständig nach Schuldigen, und immer
glauben sie einen gefunden zu haben. Entweder in dem schwarzen Mädchen
mit kleinen Titten, oder dem kleinen pickligen Streber, dessen Brillenglas 1cm dick ist, oder, weil es am einfachsten ist, die kerle im
schwarzen Trenchcoat. Ich hasse sie alle, die ganze Gottverdammte Menschheit! Es macht mich krank Tag für Tag mit ansehen
zu müssen wieviel scheisse sie fabrizieren! Ich würde am liebste
auf sie losrennen und sie zu Boden stossen, langsam ausbluten lassen,
schaue Ihnen dann tief in die Augen, und weiss, Ich bin Gott!
Wisst Ihr was euer Problem ist? Ihr habt die Vorstellung eines
normalen Lebens; alles ist, wie es ist. Politiker mit der Polizeilichen Gewalt, der Exekutive oder, sich haben es so sagen.
Wenn sie sagen ihr müsst mehr Steuern zahlen, dann zahlt ihr
sie eben, es gefällt euch nicht, aber Letztendlich zahlt ihr, weil
es für euch normal ist, das andere euer Leben in der Hand haben.
Für euch gibt es nur das „normale Leben", kinder müssen zur
Schule, Väter müssen Arbeiten, und die GEZ will Geld dafür
haben, das ihr euren Fernseher anmacht. Ich hasse eure
verdammte Lebenseinstellung, euer „normales Leben" mit

Politik, Herachie und Religion!. ES GIBT KEINEN GOTT!.

Scheisse... wieso glaubt ihr so einen Schwachsinn? Wieso glaubt

ihr an das was man euch erzählt? Ich weiss es! Hätte man euch

von klein an erzählt das Kühe nur auf unseren Wiesen stehen weil

auf dem Mond die Steuern zu hoch, und Überbevölkerung an der Ta-

gesordnung sind, hättet ihr es auch geglaubt! Dann würdet ihr

jedes mal wenn ihr an einer Scheiss Wiese vorbei geht denken "Zum

glück lebe ich auf dieser schönen Erde, und nicht auf dem Scheiss Mond"

Religion wird dem Menschen von Geburt an eingetrichtert! Religion ist

Gehirnwäsche!... Vor Gott sind alle Menschen gleich? Wieso gibt es

dann eine Hölle? Ihr gehört erschossen. Leute!

Die Erde ist krank, sie hat Menschen! Der Mensch

hat diese Welt zerstört! Er hat sich zu einer Seuche entwickelt,

eine Seuche die nur noch mit dem Tode der Menschheit besiegt werden

kann. Eric hat es perfekt gesagt: "If I could nuke the world-I would"

Dem kann ich mich nur anschliessen. Eher jedoch wäre ich für die

Ausrottung des Menschen. Die Welt sollte den Tieren gehören, ~~der nur~~

allen Tieren ausser der Rasse Mensch. Im Idealfall bleiben Ich

und Meine Familie am Leben, und ein paar andere Menschen die

in Ordnung sind, um uns fort zu pflanzen.

Ich werde die Erde ein Stück besser machen, indem ich einige von

euch in den Tod schicke!

13.11.2005-23.06 Uhr - Sonntag

Heute habe ich mich weiter nach Waffen umgeschaut. Es ist verdammt schwer

etwas zu finden. Ich kann für 500€ eine 22lfb bekommen... Einzel-

schuss und zum schreien dämlich... dieses dicke Sportpistolen zeug...

Eben bin ich angefangen die Jula zu mappen, gar nicht so schwach

wie ich sonst immer dachte. Das ist ein Schuss Training Leute! Training

14.11.2005 - 23.01 Uhr - Montag

Ich habe mir heute vorgestellt wie ich am letzten Tag in meinen Wagen steige, und in Richtung Schule, Dirk Hartmann oder Haupt fahre, und den Gedanken in mir trage, meine Familie nie wieder zu sehen. Es wird verdammt hart sein das durchzustehen. Das geht! nur mit verdammt lauter Musik!!!

Max hat gesagt das er sich nochmal nach einer Waffe für mich umhört. Mein Wunsch: Eine .22 Lfb Selbstladeflinte und eine 9mm Para Pistole!

Ich bin heute in der Mittagspause zum Essen nach Hause gefahren, und auf dem anderen Bürgersteig kamen mir Sanßen und Tillack entgegen. Tillack rief so was rüber wie es, "Ich krieg dich noch!" oder "Dich krieg ich noch!" ... Wie kommen die dazu? Was habe ich denn verdammt nochmal, WAS?! Ihr passt mein Aussehen nicht, Ihnen passt meine Musik nicht, und mein ganzer Stil passt ihnen wahrscheinlich nicht, aber ich sterbe lieber, als das ich meine Persönlichkeit für diesen Menschen Abschaum ändern... und wenn noch, danach würden sie mich wohl alle immer noch hassen.

Papa hat heute Geburtstag, und ich habe ihm noch nicht gratuliert. Wir haben uns noch gar nicht gesehen, und wenn diese ganzen Leute unten sind, will ich da nicht runter, ich werde mal gegen wer weiß wie läuft.

15.11.2005 - 22.08 Uhr - Dienstag

Eric Harris und Dylan Klebold sind Legenden, Steinhäuser ist nur ein Held :D Eric hatte eine verdammt gute Einstellung zum Leben, vieles sehe ich wie er es sah, und das schon bevor ich mich jemals mit Columbine befasst habe! Ich bin sicher wenn ich Reb und VoDKa gekannt hätte wäre es der 3. Weltkrieg gewesen.

30.11.2005 – 21.00 Uhr – Mittwoch

Ich und einige andere Jungs aus meiner Klasse machen nun Pausenaufsicht! Ich schlug Herrn Thomas vor das ich für ganze 5 Tage die Woche
in der ersten und zweiten Pause mit einigen anderen Aufsicht machen
möchte. Einen Tag später war die Sache durch! Das bedeutet, ich kann
mir nun in aller Ruhe den günstigsten Tag aussuchen, was den Chemie-
raum angeht, und was den Verkehr in Hof er und auf Fluren angeht.
Außerdem kann ich die Zeit messen, die ich brauche um von einem Stockwerk ins andere zu rennen, zzgl. Ausrüstung versteht sich.
Ich werde mir einfach nicht schlüssig wo ich nach der Übernahme
des Hausmeisterraumes anfangen sollen. Fang ich im LZ an
kann ich zwar einige Lehrer töten, aber viele werden sich
darum bemühen Schüler aus dem Schulgebäude zu schaffen, einige
Herren werden sicher versuchen mich zu überwältigen, und das
wäre fatal mit einem 6mm Einzellader.
Fang ich bei den Fachräumen an, rennen alle nach unten, fang
ich also unten an hätte ich die besten Chancen... nur leider
ist unten nicht viel...

14.12.2005 – 19,57 Uhr – Mittwoch

Yeah! Es geht los mit einer Freudennachricht:
FRAU PAETZOLD LIEGT IM

S T E R B E N ???

Hahaha !!! Ich hoffe das es nicht nur ein Gerücht ist! Ich
wünsche dieser Schlampe das sie jämmerlich verreckt!
WER MICH HASST, STIRBT!!! Auch wenn ich damit
in diesem Fall nichts zu tun hatte, gibt es mir ein gewisses
Maß an Wohlbefinden zu wissen das sie keinen Kindern mehr
die Note versaut.

30.11.2005 – 21.00 Uhr – Mittwoch

Ich und einige andere Jungs aus meiner Klasse machen nun Pausenaufsicht! Ich schlug Herrn Thomas vor das ich dreißig 5 Tage die Woche in der ersten und zweiten Pause mit einigen anderen Aufsicht machen möchte. Einen Tag später war die Sache durch! Das bedeutet, ich kann mir nun in aller Ruhe den günstigsten Tag aussuchen, was den Chemie raum angeht, und was den Verkehr in Fluer und auf Floren angeht. Außerdem kann ich die Zeit messen die ich brauche um von einem Stockwerk ins andere zu rennen, zzgl. Ausrüstung versteht sich.

Ich werde mir einfach nicht schlüssig wo ich nach der Übernahme des Hausmeisterraumes anfangen soll. Fang ich im LZ an kann ich zwar einige Lehrer töten, aber viele werden sich darum bemühen Schüler aus dem Schulgebäude zu schaffen, einige Herren werden sicher versuchen mich zu überwältigen, und das wäre fatal mit einem 6 um Einzellader.

Fang ich bei den Fachräumen an, rennen alle nach unten, fang ich also unten an hätte ich die besten Chancen, nur leider ist unten nicht viel.

14.12.2005 – 19,57 Uhr – Mittwoch

Yeah! Es geht los mit einer Freudennachricht:

FRAU PAETZOLD LIEGT IM

S T E R B E N ...

Hahaha !!! Ich hoffe das es nicht nur ein Gerücht ist! Ich wünsche dieser Schlampe das sie jämmerlich verreckt! WER MICH HASST, STIRBT !!! Auch wenn ich damit in diesem Fall nichts zu tun habe, gibt es mir ein gewisses Maß an Wohlbefinden zu wissen das sie keinen Kindern mehr die Noten versaut.

11.01.2006 - 21.50 Uhr - Dienstag

Frau Paetzold atmet noch, sie atmet die Luft der GSS die mir zusteht!
Es gibt einen neuen Kandidaten für die Methansäure... Ich denke Dominik
Broecke muss sie sich mit Herr Bäger teilen! Ha! Ha! Ha! Dieses verdammte
Schwein muss ganz langsam sterben, er soll zappeln, wie ein Fisch an der
Angel. Ich denke ich schiess ihm eine 5,6mm Kugel ins Gesicht. Wenn er
dann vor mir auf dem Boden liegt schlage ich ihn mit dem Schlagstock bew-
usstlos. Zu guter Letzt schütte ich ihm reichlich Ameisensäure in den Racken!
Damit er den Scheiss auch nicht wieder ausspuckt klebe ich seinen Mund
mit Panzertape zu! Dieses Scheiss verdammte Stück Dreck!!! Was soll ihr
bescheuerte Lehrer wollen, wenn man 3 mal seine Hausaufgaben nicht macht? Es wird
ein Brief nach Hause geschrieben, der die Eltern informieren wird, wie
scheiße ihr Kind doch ist! Doch dieser verdammte Penner zählt
alle nicht gemachten HA's zusammen, immer und immer wieder, obwohl
er schon ätzliche Briefe geschrieben hat! So kam es heute also das meine
Eltern einen Brief von diesem Bastard bekommen, laut dem ich seit dem
letzten Brief keine Hausaufgaben gemacht habe; 18 mal!!! Ich wäre
fast ausgerastet vor Wut!!!
Yeah! Ich habe seit ein paar Tagen eine .22 auf 60 Shuss CfR. Werde
das schöne Gerät demnächst mal testen. Ich denke damit werde ich im
Wald einen Jäger erschiessen, und ihm Waffen und Munition abnehmen!
Heute saß ich in der Fahrschule und nach ein paar Minuten kam ein seab-
gefickte Kanacken da rein. Ich hasse diese Dreckstürken! Ich bin
aufgestanden und nach Hause gefahren, noch bevor der Unterricht begann.
Diese scheiss Türken! Man sollte sie alle umbringen, genau wie
der verdammte Hitler das vor hatte! Keine Juden oder Neger! Nur
diese Drecksmädels!

25.03.2006 - 17.08 Uhr - Samstag

Die Krankheit Mensch beginnt mehr und mehr sich in ihrer vollen Prach[t] zu entfalten! Damit meine ich ~~[durchgestrichen]~~ längst nicht mehr die Idioten dieser verfluchten Stadt, nein, das ganze Scheissgesindel vas sich, um sich selbst von anderen Lebewesen empor zu heben, "Mensch" nennt. MENSCHEN SIND TIERE! Nur weil wir intelligenter sind als „Tiere", und auf 2 Beinen gehen heisst das nicht das wir etwas besseres sind! Was glaubt ihr wo eure Achsel-Sack oder Brust haare her kommt! Von den Tieren natürlich!!!

Wie auch immer, ich sage man muss die Menschen vernichten! Klar, sie haben grosses geschaffen, aber gleichzeitig haben sie diesen Planeten zerstört! Bald wird es Kriege geben, Kriege um Öl, Gas und nicht zuletzt auch um Wasser.

Eben war ich beim Praktiker, um mir anzusehen welche Utensilien für eine geschulte Rohrbombe wie teuer sind, denn ich habe beschlossen lieber die Dinger zu kaufen, als die Scheiss Kupferrohre zu nehmen. Kupferrohre platzen nur an den Enden auf, das macht nicht gerade viel her, es sei denn man füllt die Enden mit Glas oder Nägel Spitzen.

Ich benötige eine verdammte 9mm Pistole, oder noch eine 2-Läufige. Wenn ich bis zum 16.05. nichts bekommen habe, nehm ich meine .22 und statte einen Jäger einen Besuch ab!

Immer öfter denke ich daran, das es effektiver wäre, wenn ich meinen Waffenschein für Sportschützen habe, noch viel mehr, viel grössere Bomben baue, und mir dann das Emsdettener Rathaus vornehme! Nachteil ist das ich dann wohl keinen meiner Erzfeinde töten kann.

10.08.2006

Von allen Leben auf dieser Welt ist meins anscheinend das einzig sinnvolle. Ist doch wahr... guckt man sich die Menschen heute an sieht man leere Körper, aufgetakelt und raus geputzt bis zum geht nicht mehr doch das ist nur die Hülle. Innendrin ist es leer. Man lebt nur noch um sich zu profilieren. Man vermarktet sich regelrecht. Jeder Mensch will das Produkt "Ich" als etwas wunderbares verkaufen, und weil einer noch dümmer wieder andere ist klappt das auch prima. Wer da nicht mitzieht steht allein da. Ich sage: "Fickt euch!"

Wieso fällt es Menschen so schwer Dinge so zu nehmen wie sie sind, ich meine warum akzeptieren meine Eltern, meine Tante oder sonst wer meine Iro nicht? Wieso akzeptieren Leute mein Aussehen nicht? Sie denken sich: "kann der nicht einfach normal rumlaufen?" Ja was bitte ist denn "normal"? Gibt es irgendwo ein Buch oder eine Homepage wo befohlen wird sich normal zu verhalten, oder bei eine Erklärung was normal ist? WOHL KAUM! ALSO HÖRT AUF MIT EURER HARDCORE-KONSERVATIVEN EIN-

Stellung und seht es endlich ein: Normal ist Ich!
Jeder definiert "normal" anders, jeder definiert es
nur sich selbst!
Ist es zuviel verlangt in Ruhe gelassen zu werden?
Wird man heutzulage verurteilt wenn man von allem
nichts wissen will sondern SEIN Leben leben will?
JA! Dann kommen nämlich die Scheißbullen und
packen dich ein! Eigene Meinungen längst nicht
mehr erlaubt. Dreckssaat! Drecksplanet! Drecksleben!

13.08.2006
Scheisse! Ich fühl mich als würde ich gleich krepieren! Mein
Herz schmerzt höllisch, sodass ich mich krümme vor Schmerzen.

18.08.2006
Stell dir vor du lebst in keiner ollen Schule, stell dir vor
der Trenchcoat verdeckt all deine Werkzeuge der Gerech-
tigkeit, und dann wirfst du den ersten Molotov Cocktail,
die erste Bombe. Du schickst deinen meist gehassten
Ort zur Hölle!

25.08.2006

Gleich gehts zur OP Block Ecke 2, wenn ich auf der
Fahrt dorthin (ca. 5 Stunden) oder auf der OP abnutze
sollen dies meine letzten Worte sein: Ich hasse die Menschheit, ausgenommen mich und meine Familie!

14.03.2006

School Shooting in Montreal! Zitot n24: „... einen terroris-
tischen Hintergrund schließt die Polizei aus...", a.O. haseift
doch nur wieder was für Flaschen da arbeiten!

18.03.2006

Wir leben in keiner Demokratie! Wir sind auf dem besten Weg
zu einer Diktatur! Von den braunen Hampelmännern in
Dresden mal abgesehen sind wir jeden Tag von Faschisten
sich weinen umgeben! Vergleicht man den heutigen
Staat sapperot mal mit dem von Hitler würde man ganz
schnell feststellen das es alte Suppe in neuen Dosen
ist was man uns hier als Politik verkaufen will!
Nehmen wir nur mal die KZ's der Nazis, das ist
der selbe Fick wie Gefängnisse. Wer kam in die

116

Lager? Die sog. politischen Gegner. Und wer kommt in die Gefängnisse heutzutage? Die sog. politische Gegner! Du bist doch schon deren Gegner wenn du auf dem falschen Parkplatz stehst, dann zwingen sie dich Geld zu zahlen. Scheisse! Ich darf parken, wo ich will! Demokratie = Volksherrschaft. Scheisse, wo herrscht denn hier bitte das Volk? Alle 6 Jahre vielleicht, wenn wir die Wahl haben zwischen Scheisse, Scheisse und richtig Scheisse? Dieses fascho-Land braucht Revolten und Straßenkämpfe, so lange bis die Dreckstregierung gestürzt ist!

Und was hat eigentlich damals die SS, die SA gemacht? Menschen eingesperrt wenn sie gegen die Regierung waren. Und die Bullen heute? Sie tun das Selbe! Und dann ist da ja noch unsere geliebte Schule... Zu vergleichen mit der Hitlerjugend. Dir wird eine Gehirnwäsche unterzogen, ohne das du es merkst. Dir wird eingeprügelt was gut und was schlecht ist in ihren Augen. Wer sich dagegen wehrt landet im KZ... pardon.

im Knast!

26.09.2006

ERIC HARRIS

Der wohl vernünftigste Junge den eine beschissene High school bieten kann... pff.. ERIC HARRIS IST GOTT! Da gibt es keinen Zweifel. Es ist erschreckend wie ähnlich Eric mir war. Manchmal kommt es mir vor als würde ich ein Leben noch mal leben, als wenn sich das alles nochmal wiederholen würde. Ich bin keine Kopie von REB, VoDKa, Steini, Gill, Kinkel, Weise oder sonst wem! Ich bin die Weiterentwicklung von REB! Aus seinen Fehlern habe ich gelernt, die Dummen. Aus seinem ganzen Leben habe ich gelernt.

18.10.2006

Es ist egal was du in deinem Leben machst, es ist alles vergänglich! RX! Selbst mein Angriff auf die GSS ist irgendwann vergessen. Am liebsten würde ich könnte die beschissene Zeit zurückdrehen und mit dem Wissen was ich nun habe von vorne beginnen. Doch selbst wenn ich könnte, würde das nicht den Staat oder Regierung ändern. Ich hasse dieses verdammte Land! Ich will frei sein! „Tod oder Freiheit"

Der Stand der Dinge:
- Heute 1kg Schwefel gekauft, Schwarzpulver herstellung
- In den kommenden Tagen wird eine 12er Flinte und eine .65 Pistole gekauft.
- Zeitbomben werden nächste Woche gehabt!
- Geplantes Arsenal: .22, .65, 12er Flinte, 15 Rohrbomben, davon 2 oder 3 Zeitbomben, 10 Molotovcocktails, 10 Rauchgranaten, 1600ml Pfefferspray, 1L Ameisensäure 85%, mehrere Messer, Taufkpf CO2 Pumpgun und genug Munition die Waffen! Eventuell noch Ammoniumnitrat, ich könnte an das Scheisszeug k. Nemöse rankommen, aber die Möglichkeit damit zu experimentieren habe ich nicht.

Bevor jemand von euch behauptet ich sei ein Nachahmungs-
täter von Harris oder sonst wem, sollte er einen Moment nachdenken:
Ist ein kleiner Dorfpriester nur ein „Nachahmungstäter" des
Papstes? Nein! Natürlich nicht! Er glaubt an die selbe
Sache wie der Papst, aber er macht ihn nicht nach. Er hat
die gleiche Sicht der Dinge. Er ist, wie der scheiss Papst, Teil
eines ganzen.
Wehe irgendso ein Sackgesicht von Geistlichen reisst sein
Maul auf meiner Beerdigung auf! ES GIBT KEINEN

SCHEISS GOTT

Aber wie ist die Welt entstanden... Ich dachte immer
das sich irgendwann mal 2 Stoffe, oder mehr, vermischt
haben und dann ganz langsam das eine aus dem
anderen entstanden ist. Aber ich hab absolut keinen
Schimmer wo zum Geier diese 2 Stoffe hergekommen
sein sollen!

06.11.2006

Right now I'm holding a 12 Gauge "Alarm Patrone" in my godly hands! It's filled with extra 50grain ass kickin' black powder, which I need for my muzzle loader guns. On November 17, 20 or 21 I will blow up that fucking piece of shit school! This is a war; The whole world against RX!

My weapons are: - .22 Single Shot rifle (sawed off)

- 12 Gauge muzzle loader Shotgun (sawed off)

- .45 muzzle loader Pistol

- Boot knife

- Machete

- Pepperspray

- Smoke grenades (10)

- Pipe bombs (8)

In the following days I will build more pipe bombs, mo- lotov cocktails and self made smoke grenades !

13. 11. 2006

Today I passed the point of no return. I shot my muzzle-loaders the first time any fuck- THAT SHIT WORKS! This sawed off Shotgun kicks ass now...
Also I got 10 more .22 bullets, which makes a total of 48 .22's
20. 11. 2006 will be my big ass ENDING!

16. 11. 2006

I just gave Silent my GB SAS without it's stuff. He probably think I'm an Idiot because all that stuff costs new more than 400 €! But hey... I don't need my Baby any more! I did my biggest AS Games with my GB! It's better to give it to a TRUE Member then sell it to any Idiot!

17. 11 2006

In 3 days it's all over. People will be lying dead on the street around the school will be burning and my brain will be blown out! I just went to GSS to see if everybody will be there when this shit starts. And YES! They will!
I'm not a fucking psycho! It's not Airsoft or music that make

122

me killing people, it's you! Airsoft helped my to hit what I'm aiming! Music helped me when I was fuckin' down!

All I want now is killing, hurting, and scaring as much people as possible!

Sometimes I write shit in english, because I want everybody to understand what the hell I'm talking about!

19.11.2006

This is the last evening I will ever see. I should be happy about all this, but somehow I'm not. It's my family... they are all good people, and I will hurt them tomorrow. It's sad, to know I won't see them again after tomorrow morning. To those I love: I'm very sorry about all this.

I never had a girlfriend, I never kissed a girl... but wait, there was this wannabe Gothic chick... don't like those... but I was drunk, so fuck that. I'm not gay! I don't think it's a problem if anyone is Lesbian or gay, but I'm not. I like Jill, from Resident Evil Apocalypse and 3 Nemesis! That's why I call my sawed off .12 "Jill". The 12 Gauge is the "BFG" and the .45 is "Mister Pästerich!"

123

named after Homer Simpsons Gun. I like the Simpsons. I
don't like Comics at all, but I love the Simpsons and other
fun comics.

Don't belie shit people will tell after November 20th.
For example that Henning Shemonn dude... That guy is
stupid it's not even funny. I thought he was a friend of
him a long time ago but he's a fucking liar. He
hadn't got real friends because he is just beating everybody... god what a fucking retarded ASSHOLE!

If anybody of my whole big family is a good human, please
help my parents, my grandma, my sister and my brother
I love them! And I hate me for hurting them. They are
nice and good people!

I hope that other outcasts will be treated better after OSS.
And I hope that some of 'em will be like Reb, Vod and Mr.
A FUCKING HERO!

It's kinda weird. I've been planning/thinking this for a long
time, and now it felts like DAAMN that came out

[Sep. 2nd, 2004|**10:08 pm**]

[**mood**| bored]

[**music**|RTL - South Park]

War heute mit nem Kumpel und so im Hallenbad. Danach sind wa nach McDonalds
gefahren.
Hab mich so um 19 Uhr pennen gelegt, für ne Stunde...

...was für ein unglaublich spannender Tag...

link   **2 comments**|post comment

Airsoft [Sep. 4th, 2004|**05:13 pm**]

[**mood**| okay]

[**music**|Mein Teil - Rammstein]

Habe mir gestern überlegt welche ASG ich mir kaufen soll. In die engere Auswahl kamen
die "MP5 A3", die "M4 RIS" und die "Super Shotgun Hardball II".

Heute habe ich mich dann für die MP entschieden und sie auch direkt bestellt. Und
wieder sind 65€ weg...

Unsere Homepage hat jetzt auch mal wieder ein Update gekriegt.
www.s-i-c-k.de.vu

Montag geht Schule wieder los...boah! KOTZ!

Und nu habe ich Langeweile...

link   **2 comments**|post comment

Schule [Sep. 6th, 2004|**04:28 pm**]

[**mood**| angry]

[**music**|Wir sind wir - Pal vab Dyk und Peter Heppner]

So ein Scheiss, aber echt... heute ging Schule wieder los... die dämlichen Idioten haben
erstmal die Zeitengeänder, sodass es zwischen jeden Stunden 3 Minuten Pause für die
Pauker gibt... ich glaubs nich ey... 3 Minuten...

Und dann die scheiss Kinder alle wieder sehen... halten sich für sowas tolles... Sie
meinen sie wären die größten... SHIT ON YOU !!!

Dann kommt die uns schon am 1. Tag mit der scheiß...oder heisst es scheiß?
rechtschreibreform Kacke...
Ich schreib wie ich will!

...

Dann war ich eben noch dabei nen Banner zu erstellen, für unser (hoffentlich)
stattfindendes Airsoft Match...

Ich hab kein Bock morgen wieder die selben Scheiss Gesichter zu sehen... boah wie ich
die hasse!!!!!!!!!!!!

[**mood**| pissed off   ]

[**music**|Bullet with butterfly wings - Smashing pumpkins]

...Hab grad Mittag gegessen, dvor war ich in Schule. Boah, am 3. Tag schon 2 Striche...scheisse...naja, Englisch hab ich nicht gemacht, weil ich kein Bock hatte, und mein Deutschheft hab ich zu Hause vergessen, dummerweise warn die Hausaufgaben drinn.

Dämliche Schule...

Der Tag fing schon richtig gut an... Ich war viel zu lange auf, und bin nur schwer aus'm Bett gekommen, dann wäre ich unter der Dusche fast eingepennt und als hätte das nicht gereicht stand ich auch noch unter Zeitdruck...
...Naja, also erstmal zu spät zum Unterricht erschienen, und nen Eintrag kassiert. Das kommt besonders gut, bei der ersten Stunde mit der neuen Lehrerin! Na gut, es war ja nur Religion...das Fach in dem sie dir so einen Müll erzählen, dass du das Fach sogar noch gerne machst, weils so lustig ist ... Unser neues Thema: (Zum dritten mal) "Satanismus/Okultismus". Oh Mann!

Dann bin ich nach der Schule nach Haus geheizt, und musste feststellen das meine Ma mal wieder ein bisschen in meinen Sachen rumgeschnüffelt hat. ...Naja, vielleicht machen sie sich einfach Sorgen...

Ja, und jetzt sitz ich hier und schreibe...

Sonst war heute nichts besonderes, ...wurd n bisschen ausgelacht, hab n dummen Spruch in Mathe abgelassen, ...das übliche halt!

link   3 comments|post comment

Airsoft   [Sep. 10th, 2004|11:29 pm]

[**mood**| okay   ]

[**music**|Brute - KMFDM]

Wir haben heute für ungefähr 220€ Softairwaffen und Munnition gekauft. Nu sind wa mal endlich wieder aufgersüstet.
Hatten gestern Training, dann ist noch eine gun in Arsch gegangen. Auf unserer HP (www.s-i-c-k.de.vu) sind n paar neue pics.

Sonst war heut nix los.

link   24 comments|post comment

KP   [Sep. 15th, 2004|06:45 pm]

[**mood**| okay   ]

[**music**|Amerika - Rammstein]

Heute nach der Schule watt gegessen, dann 2 Stunden gepennt, wieder was gegessen und vorn PC gesetzt. Danke für ihre Aufmerksamkeit!

link   27 comments|post comment

[**mood**| tired]

[**music**|Eminem - Like toy soldiers (Instrumental)]

Joa, nun wollt ich auch mal wieder was schreiben. Fang ich mal beim letzten Wochenende an. Hatten Oma und Opa Goldene Hochzeit...boah KOTZ! Ich wollte eigentlich unter keinen Umständen dahin, weil ich mit dem Teil der Familie eigentlich wenig Kontakt habe, und über was soll man mit denen reden...kp...
So, dann hat mich meine Mutter quasi gezwungen und einfach nicht hingehen kann man ja nicht wirklich machen...
Ich also dahin und Fotos gemacht, hatten da die Männer/Jungs alle Anzüge an...mich bekommst da ja nicht rein ;) Hat natürlich keinem gefallen das ich da meine "Alttagskleidung" anhatte. Danach wieder nach Hause, gewartet, bis ich dann in die Kirche durfte... hab ich mir das da mal angehört...loool was der Kerl da von sich gegeben hat war der letzte Müll... Hatten se da son Motto "Auf Tuchfühlung..." Sagte er dann das die Kirche das Kreuz entsprechend dem Motto gestaltet haben... ham se da son Lappen drübergehängt.. HaHa, ich hätte echt laut loslachen könn als er das erzählte, aber habs mir mal verkniffen. Danach gings dann in son Café, hatte schon genug als ich ausm Wagen raus bin... . Na, denk da musste jetzt durch. Hab ich mich zu meiner anderen Oma gesetzt und 2 Sekt mit ihr getrunken...danach an anderen Tisch und ich war kurz davor nach Hause zu laufen. Nachm Essen lockerte sich dann aber alles, und es gab reichlich zu trinken :) Wollte dann am Ende gar nicht mehr weg, stand mit einem meiner Cousins am Tisch und war am gröhlen...rofl

Joa, dann hieß es wieder: Schule! Hatte aber Glück, ham die uns wegen Lehrermangel nach der 4. freigegeben. Dann bin ich nach hause, hab nen bisschen für CS1.6 rumgemappt(www.maps.stay-different.de)

Sonst war eigentlich nicht großartiges in der Woche. Durfte mir dann noch wie üblich irgendwelche Scheisse anhören, wie "Hey guckt mal! Da ist der Matrix-Mann!" Looooool, Nichtwisser!

link   9 comments|post comment

Mathe,Kino,Airsoft [Mar. 16th, 2005|12:43 pm]

[**mood**| confused]

Komm grad von der Schule...besser gesagt ausm Kino, haben "Sophie Scholl" geguckt. Der Film ist im Großen und Ganzen eher langweilig, aber dramaturgisch ziemlich gut gemacht. Vorm Kino eben 2-Stunden Mathe geschrieben und dann halt ins Kino.
Um halb 3 gehts zum training, da wir am Samstag ein Skirm haben.

link   12 comments|post comment

[**mood**| depressed   ]

[**music**|Creed - My own prison]

Morgen geht Schule wieder los...Bullshit.
Wie schnell 2 Wochen doch vergehen können...
Was habe ich so gemacht? Also die Ferien begannen mit unserem 1. Skirm, dazu kam
ein anderes Team ausm Ruhrgebiet zu uns, wir spielten von Mittags bis Abends.
Dann war eigentlich nichts Besonderes bis zum Ende, wir haben uns halt mit ein paar
Leuten getroffen, ein paar mal gegrillt. Ich habe keine Lust mehr mit denen was zu
machen...meine Fresse, was zwei Jahre Altersunterschied doch ausmachen können. Ich
will mich nicht mehr mit ihren pubertären Problemen auseinandersetzen, will nicht der
Idiot sein, will alleine sein.
Gegen Ende der Ferien, am 01.04.2005 um genau zu sein, sind wir nach Ohne gefahren,
um mit SACS zu skirmen, haben sogar höher gewonnen als bei den Ruhrgebietlern, alle
Runden für uns entschieden.
Dann habe ich mir in den Ferien noch eine MP5-SD6 AEG bestellt, und denen gesagt das
ich am 2. April überweise...und was ist? Ein Kerl kommt nicht um mir meine alte G36c
abzukaufen, und jetzt fehlt die Knete...super!

Ich fahre gleich mit Familie zum Campingplatz, ich bin ja mal gespannt was der neue
Besitzer da fabriziert...ich hoffe es bleint ein schöner Campingplatz, indem die Natur im
Vordergrund steht, und nicht sone beschissene Wellneskacke, indem sich irgendwelche
Bonzen den Arsch hinterhertragen lassen und sich dann "Luxuscamper" nennen.
Wir werden sehen.

link   2 comments|post comment

[**mood**| bored   ]

[**music**|Nix, aber höre irgendwelche Nachbarn reden...]

So, bin wieder da, sind zum Campingplatz gefahren...meine Fresse hat sich das da
verändert... viel zu viel los da, und das wird noch mehr. Aber die vergraulen wir an
Pfingsten bestimmt ;)
Die Wirtschaft hatte wieder offen, und dann haben wir uns alle ne Pommes bestellt.

Danach sind wir nach Denekamp gefahren und haben Tee und son Zeugs gekauft, hab
ich mir noch nen Ring zugelegt, für 4€

War eine einzige Baustelle da, bin ja mal gespannt wie das da Pfingsten aussieht.

link   1 comment|post comment

[**mood**| okay   ]

[**music**|Rammstein - Morgenstern]

Heute war nach 2 Wochen wieder Schule, musste ich nen Erdkunde Test schreiben, übers Ruhrbegiet... . Lol, da fällt mir ein, dass ich einmal eine EKTest nachschreiben musste, und die dumme setzt mich in' Kartenraum, looooool.
In SoWi gabs dann erstmal neue Fachvokanlen, und bei "Populismus" sprach der Lehrer kurz über Josepf Goebbels, und ich denk ich hör nicht richtig als sich eine der ältesten da im Kurs meldet und fragt wer das denn ist... Meine Fresse, soviel sollte man doch über die Geschichte seines Landes wissen, oder??? Aber es ist ja wohl "uncoool" von sowas bescheid zu wissen.

Als wir vor der Halle aufn Sportlehrer gewartet haben habsch gesehen das Alice Cooper uns besuchen kommt, mal gucken, vllt geh ich hin ;)

So um kurz vor 5 kamen dann 2 Kumpels, und wir sind mitm Rennrad raus, auf halber Strecke haben wir uns dann erstmal bei McDonalds reingesetzt. Sind dann so um die 50Km gefahren.

link   9 comments|post comment

[**mood**| frustrated   ]

[**music**|Arch enemy - Kill with power]

Je länger ich über das Leben nachdenke, desto mehr merke ich wie sinnlos es eigentlich ist. ... Jemand wird geboren, hat 6 Jahre lang ein schönes Leben, wird dann aber eingeschult. Dann hat er unbewusst eine Wahl zu treffen; bleibe ich wie ich bin, oder passe ich mich den anderen an? Genauer gesagt Bleibe ich stark oder werde ich zum Verräter meiner Selbst? Hat man sich nun dafür entschieden standhaft zu bleiben, wird man ausgelacht, weil man andere Sachen sagt, weil man anders aussieht, oder andere Musik hört, weil man andere Interessen hat. Das geht dann so, 4 Jahre lang, und dann denkt unser 10 Jähriges Kind: Nun komme ich ja zum Glück auf eine andere Schule, dann wird's endlich besser! Und was ist? ARSCHLECKEN! Es wird alles nur noch extremer! Das Motto der weiterführenden Schulen: Zieh mit oder geh für immer unter!
Dann lebt man also so vor sich hin, in der Hoffnung den ganzen Müll in irgendeiner Form durchzustehen, um später ein besseres Leben führen zu können.
...
Dann gehts also weiter: Entweder du bekommst erst gar keinen Job, oder du arbeitest dich für einen lächerlichen Lohn bis du 65 bist kaputt. Vielleicht gründest du eine Familie, tust also anderen Menschen den ganzen Scheiss auch an. Vielleicht baust du ein Haus, welches du vermutlich nie abbezahlen kannst...jedenfalls stehst du dann da, alt und runzelig, vllt noch 20 Jahre zu leben. Was machst du? Du fängst an über dein bisheriges Leben nachzudenken, und du merkst: Warum habe ich mir das alles angetan??? Was habe ich denn jetzt vom Leben? NICHTS!

link   73 comments|post comment

[mood| angry]

[music|-]

So, hab nun endlich meine Python, und damit meine ich keine Schlange ;)
Hatten heute Training, und auf einmal spinnt meine Waffe total, geht da nach 6 Schuss
das Gas aus'm Mag...und nicht nur meine war defekt, eine andere hat sich noch
überhitzt, weil der Kerl die kaputte Sicherung überbrückt hat o.O
Ja...ansonsten halt alles Scheiße, ich weiss einfach nicht mehr was ich machen soll, ich
komm nicht vorwärts. Soll ichs noch weiter versuchen? Oder in einer Woche alles
beenden? Oder, oder, oder...
Mit Nadine gehts auch nicht voran...Schuld ist doch nur diese kranke HipHop Musik, die
sich die Kiddies allemenn reinziehen...da muss man doch geistig kirre im Kopf werden
und nur noch Scheisse erzählen.
ICH HASSE ALLES!!!
Was soll der ganze Scheiss eigentlich??? Bin ich auf diese verdammte Welt gekommen
um der Idiot von nebenan zu sein, mein Leben lang? Was soll ich hier? Was sollen wir
eigentlich alle hier?

link   26 comments|post comment

[May. 16th, 2005|08:36 pm]

[mood| annoyed]

[music|KMFDM - Ultra]

So, was habe ich heute gemacht...bis ca. 1 Uhr gepennt, dann gefrühstückt und
danach direkt zum Mittagessen. Dann an den PC, aber immerwieder aufgestanden, weil
ich vor Langeweile nicht wusste wohin.
Ja, lol dann ist natürlich mein Colt direkt in Arsch geganen...ist ja immer so wenn ich mir
was zulege...

Überlege mir die Schule nächstes Jahr einfach zu schmeißen, damit ich diese Fressen
nicht mehr sehen, diese Stimmen nicht mehr hören muss. KA ob ich das tun soll...

link   24 comments|post comment

Heute   [May. 17th, 2005|07:06 pm]

[mood| okay   ]

[music|Alles wird vorrüber gehen - Die toten Hosen]

Joa, war inna Schule...hab ne 6 wiederbekomm, weil ich den kompletten Scheiss nicht in
type3 sondern in type2 geschrieben habe...fuck, hab nicht richtig hingeguckt!
Dann habsch versucht den Colt fertig zumachen...naja, war wohl nix, also ab zum
Waffenladen, der hat mir dann gesagtd as mein DoubleAction System im Arsch
ist...naja...single reicht mir. Dann noch 50 .380er mitgenommen und nach hause. Jetzt
stimmt was mit meinem Server nicht und ich muss die Leute mal fragen was der Scheiss
denn soll...
Sonst war nix grossartiges.

link   4 comments|post comment

[May. 18th, 2005|**09:05 pm**]

[**mood**| okay]

[**music**|VOX - CSI]

Heute nach der Schule zu nem Kumpel gefahren, erst was für die Schule erledigt und danach bissl geballert.
o.O ... steht er da an sonem Druckluftteil und steckt nen Kupferroh oben auf die Pistole. Dann nimmt der Kerl so ca. 15cm lange Nägel mit Filzstücken dran, und steckt die ins Rohr. Pfufffff! Mann gingen die Teile ab, hat der Junge die ganze Zeit ins Scheunentor geschossen. Dann konnte ich endlich meinen Colt testen, war nen bissel lahm, aber schön ;)
Sonst war nix.

link   post comment

Tiefpunkt   [May. 23rd, 2005|**09:03 pm**]

[**mood**| angry   ]

[**music**|Wizo - Nazificker]

Morgen ist der 24te, Dienstag...und was ist? NICHTS!!!
Ich hasse es, ich hasse es immer der Doofmann für alle zu sein. Ich hasse es immer als Depp hingestellt zu werden. Ich hasse es immer das Individoum zu sein, welches als überflüssig erscheint, aber ich hasse es noch viel mehr wenn man versucht mich zu hintergehen...LH !!! Was glaubst du wer du bist? Was glaubst du was du dir erlaube darfst? Woher nimmst du dir das recht meine Luft zu atmen? Was ist mit dir los? Ich sag dir was mit dir los ist: Ich denke du kannst es nicht ertragen das selbst der dumme Bastian mal Erfolge zu verzeichnen hat. Ich denke das dein Ego es nicht zulassen will. Weisst du was mein Ego sagt? Es sagt töte LH, aber mein Hirn rät davon ab. Ich höre auf mein Hirn. Die Frage ist wie lange noch.

Ich bin fertig mit der Welt, fühle mich von ihr verstoßen und hoffe auf Veränderung. Doch wie definiert sich eine solche Veränderung? Oder noch wichtiger: Was tue ich hier eigentlich?

Mann mann mann...

link   **28 comments**|post comment

131

[mood| depressed]

[music|Bloodhound Gang - I hope you die]

Leider musste ich in den letzten Tagen, oder auch Wochen merken, das man sich sehr in Menschen täuschen kann. Selbst ich, von dem ich immer glaubte das er Menschen richtig einschätzen kann, habe mich getäuscht.
Namen, Gründe und solche Sachen nenne ich hier nicht, sie tun nichts zur Sache. Fakt ist: Menschen verändern sich. Oder: Menschen haben viele Gesichter.
Nun sitze ich hier, die Sonne brennt auf unser schwarzes Dach, und in meinem Zimmer ist es wie in der Hölle. Ich sitze hier an meinem Rechner, esse ein Eis und höre "Nothing" von "A", ein Lied das mich an eine Bestimmte Person erinnert die ich liebe. Ich mache mir Gedanken, überlege was die anderen jetzt wohl machen; Meine Familie hat Besuch und sitzt unten im Garten, meine "Freunde" sind warscheinlich im Freibad, ...das Freibad; Ein Ort an den ich schon lange nicht mehr gehe, "zu öffentlich" mein Argument, will den Menschen aus dem Weg gehen, um nicht noch mehr Scheiße zu erleben. Die Scheiße; Sie hat sich gelegt, wie ein Strum der Alles zerfetzt, und nun nur noch ein Regen ist und gelegentlich einige Keller vollaufen lässt. Damals war es schlimmer, das 5-8 Schuljahr war das extremste, jetzt hat es sich gelegt, es ist nict mehr so schlimm. Doch die Wunden sind geblieben, nicht nur Körperliche, nein, meist seeliche Wunden, und die Frage: Warum hat man das getan quält mich ebenfalls noch heute. Die meisten wissn es nicht, dachten ich ging jeden Tag zur Schule, mache nicht mit und geh wieder nach Hause. Das einzigste Mal das etwas wirklich nach aussen drang, war als man mir einen glühenden Fahrradschlüssel auf die Hand presste...da hat der Schulleiter Anzeige erstattet. Das wars dann aber auch. Von den anderen Dingen wollte niemand was sehehn, oder sie hat niemand gesehen. Sehen...ich überlege gerade wie es auf dieser Welt wäre wenn niemand etwas sehen würde... wären dann alle Menschen gleich? Jedenfallswürde niemand auf deine Kleidung achten,du selber warscheinlich auch nicht. Wie auch immer...
So, das war das was mich in dieser Stunde beschäftit hat.

link   62 comments|post comment

[mood| worried]

Ich hab gerade erfahren das ein Schäferhund unseren Hund beim Spazierengehen angefallen hat, und er sehr viel mitgekriegt hat. Meine Eltern sind schon längere Zeit beim Tierarzt.
ICH SCHWÖRE DIR, BEI ALLEM WAS MIR HEILIG IST, WENN WAS ERNSTES PASIERT IST BRINGE ICH DICH UND DEINE FAMILIE UM, UND ICH WERDE DEIN HAUS ABBRENNEN !!!

link   35 comments|post comment

132

[**mood**| cold   ]

[**music**|Arch enemy - Kill with power]

Joa, dem Hund gehts wieder etwas besser, hat aber schlimme Wunden.
Was war heute so...achja; Schule :(
Hatten wir in Reli son psycho Text, mit einer Katze die mit einer Blume redet, weil sie
mehr als alles will und deswegen abhauen muss und die Pflanze isst o.O ich denk das
gibts doch nicht...
Dann sollten wir halt eine Abschiedsbrief im namen der Katze schrieben
(KINDERGARTEN!!!) Also hab ich da halt das hingeschrieben was die Lehrerin hören
wollte, aber als ich drangenommen wurde sagte ich das ich nihct vorlesen will.
Lehrer: Gibt es einen besonderen Grund warum du nicht lesen möchtest?
ResisX: Nein, ich möchte einfach nicht...
Lehrer: Also Arbeitsverweigerung?
ResisX: ...Ja.
Lehrer: Möchtest du das ich dir eine 6 aufschreibe?
ResisX: ...Ja, geben sie mir eine 6.
Lehrer: Du weisst das auch so eine 6 die Versetzung gefährden kann oder?
ResisX: Ist mir egal, schreiben sie's auf!
Lehrer: Seit wann ist dir das egal Bastian?
ResisX: ...Seit 2 Minuten (KA warum ich das gesagt habe...)
Lehrer: Das ist nicht Lustig Bastian!
ResisX: Ich weiss, deswegen lache ich auch nicht!
Lehrer...

Ja, also so wie ich die Frau kenne schreibt sie mir keine 6 auf, aber auch wenn, ist jetzt
auch egal!

Dann bin ich gestern angefangen den Brief an Nadine zu schreiben...weil sich doch
immer alle fragen was mit mir los ist...o.O seit wann interessiert das denn jemanden???
Wie auch immer...ich seh zu das ich heute früh ins Bett komme.

link   31 comments|post comment

[**mood**| angry]

[**music**|Slipknot - sic]

Leider musste ich in den letzten Wochen nicht nur feststellen das mein (damals) bester
Freund sich an das Mädchen ranmacht das ich liebe, und auch sonst ein Arschloch ist,
nein! Jetzt durfte ich auch noch erfahren das sie ihn liebt!
Meine derzeitigen Gefühle lassen sich nicht wirklich in Worte fassen. "Hass" wäre noch
positiv ausgedrückt.
Was hab ich denn jetzt noch zu verlieren...nichts - Ich habe schon alles verloren. Es ist
die Hölle, ein Leben vergeudet...das darf alles nicht wahr sein.

link   36 comments|post comment

[mood| depressed]

ich hab beschlossen es zu lassen. ich weiss nicht ob es das wirklich wert ist, ich weiss nicht ob ich im endeffekt wirklich was erreichen würde, und verdammt nochmal weiss ich nicht wo man in DE vernünftige kniften herbekommt!

ich werde den rest meines lebens ein abgefuckter looser sein, und da mir alles egal ist bekomme ich auch keinen abschluss. das ist die hölle, wenn einem alles egal ist. ich mein; ich lerne nicht mehr, ich beteilige mich nicht mehr und...ich tue eigentlich gar nichts mehr ausser vor mich hinvegetieren. es ist die hölle auf erden.

link   98 comments|post comment

auch wenn es mir als unwichtig erscheint...aber ich hab eh   [Jun. 18th, 2005|09:17
nüx zu tun...   pm]

[mood| bored   ]

[music|Slipknot - Surfacing]

1. Total number of films I own on DVD/video: 17 DVD's, 20 Videos

2. The last film I bought: Heart of America

3. The last film I watched: HalloweenX

4. Five films that I watch a lot:

at the moment...
1) Halloween H20
2) Forrest Gump
3) Bowling for Columbine
4) Bang Bang du bist tot
5) Star Wars 4-6

5. Tag 5 people and have them put this in their journal:
1) nope
2) nope
3) nope
4) nope
5) nope

link   38 comments|post
                                                                   comment

[mood| confused]

[music|watching N24]

Life will go on...for now.
Es ist nicht leicht sich anzupassen, aber es ist leichter als man slebst zu sein.
Verdammte Mitläufer...verdammte Halbstarke...verdammte Hip Hoper...verdammte Menschen!

Die Ferien sind sterbenslnagweilig. Den letzten Aufschwung brachte das Schreiben vom Kreiswehrersatzamt – Resi soll zur Bundeswehr, tötöötötöötötöööööö...

Also was schreibt man wenn man den ganzen Tag vorm Rechner sitzt...
vielleicht: Gähhhhn!

link   post comment

Nacht OP   [Aug. 15th, 2005|01:17 pm]

[mood| depressed]

[music|wumpscut - flucht]

So, bin gestern von unserer Nacht OP zurückgekommen, leider fing es mitten in der Nacht an zu regnen, so das wir um 2Uhr abgebrochen haben.
Aber war schon geil...
wie wir da in einer 5erkette den dunklen Weg entlang gingen und auf einmal Vollautos von allen Seiten auf uns losprasselten...

Bilder und Berichte folgen...

Und in einer Woche darf ich wieder zur Schule gehen, hurraaaaa...
Das letzte Jahr...

link   1010 comments|post comment

135

Ich möchte mich an dieser Stelle bei allen bedanken, die an dieses Projekt geglaubt haben und mich unterstützt haben. Insbesondere danke ich: Yvonne Behling für die Hilfe und Ausdauer als Co-Autorin, Isabelle Fröller für die Korrekturarbeiten und ihre Geduld, Larsolf Kilian für seine Hilfe, Franziska Knappe für Informationen und ihr offenes Ohr, Martin Schulte für die Korrekturarbeiten, seine Unterstützung und Kraft, die ich benötigt habe in dieser schweren Zeit, meiner Familie, die immer hinter mir steht, und dem gesamten Wekillemall Team - ihr seid die besten!

Danke!

Weiter Informationen zu dem Thema finden Sie hier:

www.DylanKlebold.com
www.DylanKlebold.net
www.RebandVodka.com
www.killthinking.com
www.Rebdomine.com
www.aColumbineSite.com
www.TearsforEricandDylan.com
www.ColumbineMemorial.org

www.DanielMauser.com
www.CassieReneBernall.org
www.RachelsChallenge.com

www.Resistant-x.com